Bibliografische Information der Deutschen Nationalbibliothek:

Die Deutsche Nationalbibliothek verzeichnet diese Publikation in der Deutschen Nationalbibliografie; detaillierte bibliografische Daten sind im Internet über http://dnb.d-nb.de abrufbar.

Impressum:

Copyright © 2015 ScienceFactory

Ein Imprint der GRIN Verlags GmbH

Druck und Bindung: Books on Demand GmbH, Norderstedt, Germany

Coverbild: pixabay.com

Von Giraffen und Wölfen:

Gewaltfreie Kommunikation
in Theorie und Praxis

Inhalt

Sabrina Jung (2012): Kommunikation und Konflikt – Eine Übersicht....... 7

Einleitung 8

Kommunikation 9

Konflikt 18

Lösungsansätze 21

Fallbeispiel 24

Fazit 26

Literaturverzeichnis 27

Maria Reitzki (2007): Ist Gewaltfreie Kommunikation alltagstauglich? Eine kritische Auseinandersetzung mit der GfK nach Rosenberg im Vergleich mit anderen Kommunikationsmodellen 29

Einleitung 30

Die Gewaltfreie Kommunikation nach Rosenberg 33

Einflüsse auf die Methode der Gewaltfreien Kommunikation 44

Gefahren der Gewaltfreien Kommunikation 67

Schlussbetrachtung 75

Literaturverzeichnis 78

Juliane Strätz (2012): Emotion und Sprache Wie kann man mithilfe der Gewaltfreien Kommunikation dazu beitragen, dass Missverständnisse in der zwischenmenschlichen Kommunikation verhindert werden? 83

Einleitung 84

Begriffsbestimmungen 84

Der Zusammenhang zwischen Emotion und Sprache 86

Die Gewaltfreie Kommunikation nach Marshall B. Rosenberg 91

Die Gewaltfreie Kommunikation in der Schule 99

Fazit 103

Quellen 105

Karin Eck (2004): Macht und Sprache. Wie eine gewaltfreie Kommunikation zwischen Männern und Frauen gelingen kann 107

    Vorwort 108

    Einleitung 109

    Sprache und Geschlecht – die linguistische Genderforschung 110

    Geschlechtsspezifische Unterschiede in der Kommunikation 113

    Macht und Sprache – wie drückt sich Macht in der Kommunikation aus? 116

    Möglichkeiten zu einer Veränderung der Kommunikation 119

    Gewaltfrei kommunizieren – Chancen und Grenzen der Gewaltfreien Kommunikation 122

    Resümee – Ausblick 124

    Literaturverzeichnis 128

Einzelbände 130

Sabrina Jung (2012):

Kommunikation und Konflikt – Eine Übersicht

Einleitung

Zielsetzung und Vorgehensweise

Die vorliegende Arbeit beschäftigt sich mit den Missverständnissen in der Kommunikation, die schnell zu Konflikten führen können. Aufgrund der schlechten Abgrenzbarkeit der Begriffe *Kommunikation* und *Konflikt* kann in dieser Arbeit nur ein Auszug von einzelnen Bereichen dargestellt werden. Im ersten Teil der Studienarbeit erfolgt ein Definitionsversuch des Begriffes Kommunikation. Des Weiteren wird auf den Prozess der Kommunikation sowie auf einzelne Theorien der Kommunikation eingegangen. Der zweite Teil bezieht sich auf den Punkt Konflikt. Es werden die Funktionen von Konflikten und weiterführende Erläuterungen aufgeführt. Abschließend befasst sich die Arbeit mit verschiedenen Lösungsansätzen um die zwischenmenschliche Kommunikation zu verbessern und Konflikten vorzubeugen beziehungsweise diese zu beseitigen.

Insgesamt soll die Studienarbeit einen Überblick über die Begriffe Kommunikation und Konflikt schaffen um ein Grundverständnis für die jeweils ablaufenden Prozesse zu erlangen. An dieser Stelle sei noch kurz erwähnt, dass aufgrund der leichteren Lesbarkeit nur die Männlichkeitsform verwendet wird. Angesprochen sind beide Geschlechter gleichermaßen.

Aktualität und Bedeutung

Der Begriff „Kommunikation" gehört für uns ganz selbstverständlich zur alltäglichen Sprache. Wir nutzen das Medium „Kommunikation" nahezu in jeder Lebenssituation, egal ob bewusst oder unbewusst. Dazu zählen nicht nur die gesprochenen Worte, sondern auch Interaktionen wie Körpersprache, Mimik oder Tonfall. Setzt man sich mit diesen Prozessen genau auseinander, so wird einem erst deutlich wie komplex und umfangreich diese Vorgänge sind.

„Atomkonflikt", „Nahostkonflikt", „Armenier-Konflikt", „Syrien-Konflikt", etc. Das alles sind Ausdrücke die uns täglich nicht nur in den Nachrichten begegnen. Heutzutage wird das Wort „Konflikt" in vielen verschiedenen Zusammenhängen verwendet. Doch was bedeutet „Konflikt" überhaupt? Wie funktioniert dieser? Das sind alles Fragen, die diese Arbeit grundsätzlich zu erläutern versucht.

Kommunikation

Definition Kommunikation

Kom | mu | ni | ka | ti | on, die; -, -en
(Verständigung untereinander; Verbindung, Zusammenhang)[1]

Gibt man „Definition Kommunikation" bei der Suchmaschine „Google" ein, bekommt man ungefähr 20.600.000 Ergebnisse. Dies verdeutlicht, dass es keine einheitliche Definition der Kommunikation gibt, da dieser Begriff für viele verschiedene Fachbereiche verwendet wird und deshalb auch unterschiedliche Bedeutungen hat.

Folgendes kann als Definitionsversuch herangetragen werden:

> „Kommunikation bezeichnet den Austausch von Informationen zwischen zwei oder mehreren Personen, wobei die Mitteilung sprachlich (verbal) oder / und nichtsprachlich (nonverbal) erfolgen kann".[2]

Kommunikationsgeschichte

Die Entstehung der sprachlichen und nichtsprachlichen zwischenmenschlichen Kommunikation hat mehrere Millionen Jahre in Anspruch genommen. Dennoch gibt es bis heute keine einheitliche Theorie der Kommunikationsgeschichte. Forscher sind sich nur hinsichtlich der Tatsache einig, dass die Geschichte der Kommunikation in einzelne Zeitabschnitte eingeteilt werden kann. Der erste existierende Kommunikationsweg war die Körpersprache, diese ist mehr als 6 Millionen Jahre alt. Anschließend entwickelte sich die gesprochene Sprache, die Grundlage für die Übermittlung von geheimem Wissen, überlebenswichtige Informationen, Rituale, Mythen sowie Legenden und Sagen war. Ungefähr 34.000 vor Christus bis zum 3. Jahrtausend vor Christus waren Felszeichnungen Vorgänger für Schriftzeichen. Bald darauf, ungefähr zwischen Mitte des 3. Jahrtausend vor Christus bis zum 15. Jahrtausend nach Christus, wurden die ersten Schriftzeichen verwendet und weiterentwickelt. 1450 verhalf Johannes Gutenberg der Druckmaschine zum Durchbruch in Europa. Daraufhin folgten Bild- und Tonmedien und die „Multimedialisierung" in unserer Gegenwart. Das

---

[1] Duden (2004). Die deutsche Rechtschreibung (Band 1). Seite 558.
[2] http://lexikon.stangl.eu/535/kommunikation/

alles waren Entwicklungen, die die zwischenmenschliche Kommunikation revolutionierten.[3]

Ziel der Kommunikation

Die zwischenmenschliche Kommunikation verfolgt eine Vielzahl von Zielen. Unter anderem bietet sie die Möglichkeit zum Austausch von unterschiedlichen Ansichten zu einem Thema. Auch können wichtige Informationen, Inhalte oder Ideen vermittelt werden. Kommunikation kann die Koordination von Handlungsmöglichkeiten auslösen, außerdem können komplexe Gegenstände und Sachverhalte erfasst und beschrieben werden. Somit kann man zusammenfassend sagen, dass Kommunikation die Basis für Verständnis und Erklärung, als auch Entwicklung von zwischenmenschlichen Beziehungen ist.[4]

Kommunikationsarten

Kommunikation findet bewusst oder unbewusst seit Beginn des Lebens statt. Menschen kommunizieren selbst dann wenn sie es nicht wollen. Wie man in der nachfolgenden Grafik entnehmen kann liegt der Kern der menschlichen Kommunikation in der nonverbalen Kommunikation. „Mit Händen und Füßen reden" ist ein Sprichwort das schon Jahrzehnte lang existiert und, wie man in den folgenden Punkten feststellt, große Bedeutung hat.

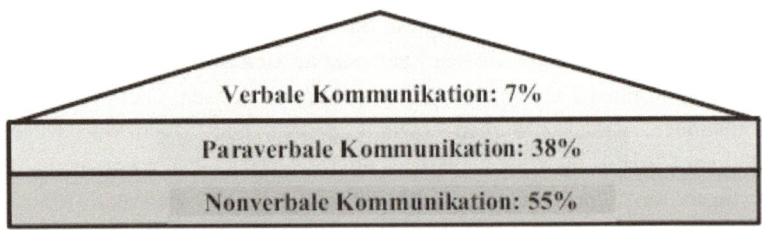

Abb. 1 Verteilung der Kommunikationsarten[5]

---

[3] Roland Burkhart / Walter Hömberg (2007). Kommunikationstheorien. Seite 234 ff.
[4] http://elearning-ss11.fham.de/moodle/file.php/2031/komm_ss2008_grundlagen_neu.pdf
[5] Selbst erstellte Grafik in Anlehnung an
http://www.transkulturellesportal.com/index.php/8/verbale-nonverbale-paraverbale-kommunikation

Verbale Kommunikation

Unter verbaler Kommunikation versteht man die Kommunikation über das gesprochene Wort beziehungsweise über die Sprache. Die verbale Kommunikation ist sehr komplex und unterschiedlich. Die verschiedenen Arten differieren in den einzelnen Kulturen und können somit als kulturabhängige Kommunikationsstile eingeordnet werden. Auch werden diese an die nächsten Generationen weitergegeben. Ein Beispiel für die Weitergabe von Ausdrucksweisen wäre zum Beispiel der Dialekt, der von Region zu Region unterschiedlich ist. „Durch die Sprache können die Menschen ihre Eindrücke, Empfindungen, Gedanken, Wünsche, Bedürfnisse und Erfahrungen der sozialen Umwelt mitteilen, sich und andere vor Gefahren schützen und ihre Lebensart, Werte, Normen, Sitten und Umgangsformen pflegen, verbessern und den Umständen anpassen." Die verbale Kommunikation ist somit unter anderem für das gegenseitige Verstehen oder Missverstehen verantwortlich und war ausschlaggebend für die Entwicklung des Homo-sapiens zum modernen Kulturmenschen.[6]

Nonverbale Kommunikation

„Man kann nicht nicht kommunizieren"[7]

Dieser Satz sagt bereits alles über die nonverbale Kommunikation aus. Als nonverbale Kommunikation wird der nichtsprachliche Bereich der menschlichen Kommunikation bezeichnet. Ein Synonym für nonverbale Kommunikation ist der Begriff „Körpersprache". Darunter fallen körperliche Bewegungen wie Mimik, Gestik oder Blickwechsel, aber auch andere Symptome wie Schwitzen oder Erröten. Das heißt, wenn Menschen nicht verbal kommunizieren spricht der Körper allein, wobei sich die anfangs genannte These bestätigt.[8]
Die meisten nonverbalen Signale werden unbewusst gesendet. Diese sind schlechter zu beeinflussen als die gesprochenen Worte und somit sind auch die Botschaften des Körpers „ehrlicher" beziehungsweise „echter". Die nonverbale Kommunikation ist von Kultur zu Kultur unterschiedlich, zum Beispiel der

---

[6] Rasoul Tanghatar (2011). Kommunikation und Körpersprache. Seite 28.
[7] Paul Watzlawick (2011). Menschliche Kommunikation – Formen und Störungen. Seite 58.
[8] Michael Argyle (2005). Körpersprache und Kommunikation. Seite 57ff.

Körperkontakt bei der Begrüßung. In Deutschland gibt man sich meistens die Hand, in Japan hingegen ist es üblich sich vor dem Gegenüber zu Verbeugen.[9]

Paraverbale Kommunikation

Bei der zwischenmenschlichen Kommunikation ist die Art und Weise wie man spricht und wie die Sprache eingesetzt wird ein ausschlagegebender Aspekt. Zum paraverbalen Bereich des Sprechens gehören Punkte wie Tonhöhe, Tonhöhenverlauf, Tonhöhenänderungen, Sprachtempo, Pausen sowie Laute und Geräusche. Bei der paraverbalen Kommunikation geht es vor allem darum „wie" etwas gesagt wird. Diese Signale werden in den meisten Fällen mit anderen Kommunikationsarten wie zum Beispiel der nonverbalen Kommunikation kombiniert. Durch diese Kommunikationssignale kann man den Kommunikationsprozess beeinflussen, da man Emotionen, Gedanken, Stimmungen etc. effektiver ausdrücken kann. Ebenfalls kann der Gesprächspartner durch den Klang der Stimme Eigenschaften wie Enttäuschung, Ablehnung oder Begeisterung besser bewerten.[10]

Zusammenfassend lässt sich sagen, dass sich auf die verbale Kommunikation am meisten Einfluss nehmen lässt, da Menschen dazu in der Lage sind eine „bewusste Wortwahl" zu treffen. Bei der paraverbalen Kommunikation wird dies schon schwieriger, da es komplizierter ist eine entsprechende Wirkung der gesprochenen Wörter zu erzielen. Nahezu unmöglich ist die komplette Beeinflussung der menschlichen Körpersprache.[11]

---

[9] http://www.transkulturelles-portal.com/index.php/8/verbale-nonverbale-paraverbale-kommunikation
[10] Rasoul Tanghatar (2011). Kommunikation und Körpersprache. Seite 52f.
[11] Doris Ternes (2008). Kommunikation – eine Schlüsselqualifikation. Seite 37.

Kommunikationstheorien

Kommunikationsmodell von Schulz von Thun

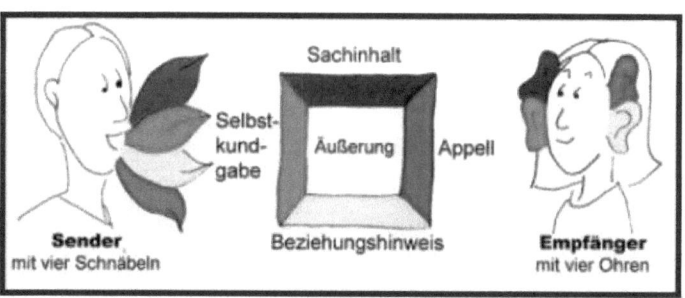

Abb. 2 Die vier Ohren einer Nachricht[12]

Die Basis der menschlichen Kommunikation beruht auf der Annahme, dass es einen Sender gibt, der eine Botschaft vermitteln möchte. Er verschlüsselt seine Nachricht mittels eines Mediums. Der Interaktionspartner des Senders ist der Empfänger. Dieser entschlüsselt die Botschaft, sodass eine Verständigung stattfinden kann. Schulz von Thun hat ein Modell entwickelt bei dem die zwischenmenschliche Kommunikation auf vier Ebenen abläuft. Die *Sachebene* enthält die Sachinformation der Nachricht, also worüber der Sender versucht zu informieren. Des Weiteren gibt es die Ebene der *Selbstoffenbarung*, das heißt was der Sender von sich selbst kundgibt. Dieser Punkt beinhaltet auch Informationen über die Person des Senders. Deshalb werden diese Botschaften auch „Ich-Botschaften" genannt. Mit dieser Seite der Nachricht sind viele Probleme der zwischenmenschlichen Kommunikation verbunden. Auf der *Beziehungsebene* wird ausgedrückt, wie man zum Empfänger der Nachricht steht beziehungsweise wie die Interaktionspartner zueinander stehen. Deshalb werden diese Botschaften auch entweder „Du-Botschaften" genannt, also wenn der Sender ausdrücken will was er vom Empfänger hält, oder „Wir-Botschaften", wenn die Beziehung zwischen den Interaktionspartnern dargestellt werden soll. Die vierte und letzte Ebene beinhaltet den *Appelcharakter*, da man seinen Gesprächspartner versucht in seinem Denken, Fühlen und Handeln zu beeinflussen. Die meisten Botschaften, die vermittelt werden, versuchen den Interaktionspartner zu etwas veranlassen.[13]

---

[12] http://www.schulz-von-thun.de/index.php?rex_img_type=bild_gross_textbereich&rex_img_file=bild3.jpg

[13] Friedmann Schulz von Thun (2010). Miteinander Reden (Band 1). Seite 25ff.

Kommunikationsmodell von Shannon & Weaver

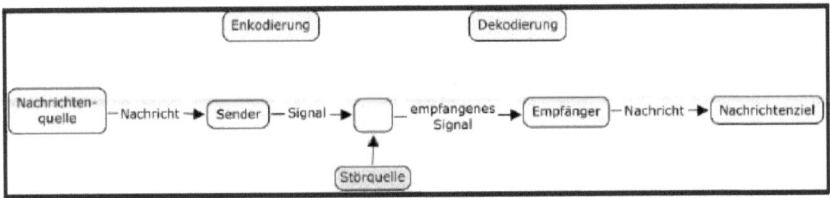

Abb. 3 Kommunikationsmodell Shannon & Weaver[14]

Das Modell von Shannon & Weaver wurde 1949 entwickelt und ist eines der bekanntesten und auch im Bereich der Psychologie am häufigsten zitierten Kommunikationsmodelle. Es war anfangs ein rein technisch orientiertes mathematisches Modell, dessen ursprünglichen Nutzen es war, die Kommunikation der amerikanischen Armee zu verbessern.[15] Nach der Kommunikationstheorie von Shannon & Weaver müssen folgende sieben Elemente beinhaltet sein: Informationsquelle, Verschlüsselung, Nachricht, Kanal, Entschlüsselung und Empfänger.[16] Das heißt „die Gedanken eines Sprechers (Senders) werden mehrfach verändert, bevor sie der Empfänger hört.

- Gesagt ist noch nicht gehört
- Gehört ist noch nicht verstanden
- Verstanden ist noch nicht einverstanden
- Einverstanden ist noch nicht angewendet
- Angewendet ist noch nicht beibehalten"[17]

Axiome von Watzlawick

Der Kommunikations- und Sozialpsychologe Paul Watzlawick entwickelte ein Modell, das sich auf die zwischenmenschliche „Sender-Empfänger-Beziehung" fokussiert. Sein Modell beruht auf der Annahme von verschiedenen Systemtheorien, deren Ausführungen in dieser Arbeit aufgrund deren Komplexität nicht möglich sind. Diese Kommunikationstheorie stützt sich auf die Störungen von zwischenmenschlicher Kommunikation, also all jene Faktoren, die die

---

[14] http://www.bildung-und-medien.de/wp-content/uploads/2011/05/Weaver.jpg
[15] Doris Ternes (2008). Kommunikation – eine Schlüsselqualifikation. Seite 45f.
[16] http://arbeitsblaetter.stangl-taller.at/KOMMUNIKATION/Kommunikation.shtml#Shannon25ff.; Doris Ternes (2008). Kommunikation – eine Schlüsselqualifikation. Seite 4.
[17] http://www.steinrisser.at/tc/startseite/service/menschliche_kommunikation/

Kommunikation beeinträchtigen wie zum Beispiel Missverständnisse.[18] Watzlawick hat fünf grundsätzliche Regeln aufgestellt, die sogenannten „Pragmatischen Axiome", die die menschliche Kommunikation erklären sollen und die damit verbundenen Paradoxien aufzeigen sollen.

- Man kann nicht nicht kommunizieren
- Jede Kommunikation hat einen Inhalts- und einen Beziehungsaspekt
- Kommunikation ist immer Ursache und Wirkung
- Menschliche Kommunikation bedient sich analoger und digitaler Modalitäten
- Kommunikation ist symmetrisch oder komplementär[19]

Transaktionsanalyse

Das Modell der Transaktionsanalyse wurde von dem amerikanischen Psychologen Eric Berne auf Basis von menschlichen Verhaltensbeobachtungen entwickelt. „Die Transaktionsanalyse ist eine Methode, mit der wir unser Verhalten deuten, kontrollieren und verbessern können." Es werden drei Verhaltenszustände unterschieden: das „Eltern-Ich", das „Kindheits- Ich" und das „Erwachsenen-Ich". Abhängig von der jeweiligen Situation und vom Interaktionspartner profiliert sich eines der drei verschiedenen Ich-Zustände unbewusst. Auch können die einzelnen „Ichs" während der Kommunikation wechseln. Erkennbar welcher Ich-Zustand gerade vorherrscht, wird anhand von Gestik, Mimik, Tonfall oder Wortwahl.

- Eltern-Ich: Beinhaltet vor allem Regeln, Gebote und Verbote die einem als Kind von den Eltern überliefert wurde. In der Interaktion mit einem Gesprächspartner tendiert das Erwachsenen-Ich dazu diesen zu bevormunden.
- Erwachsenen-Ich: Der Gesprächspartner wird gleichwertig wahrgenommen und man kommuniziert weitgehend sachlich und objektiv.

---

[18] Walter Simon (2004). Gabals großer Methodenkoffer – Grundlagen der Kommunikation. Seite 22.
[19] Paul Watzlawick (2011). Menschliche Kommunikation – Formen Störungen Paradoxien. Seite 57ff.

- Kind-Ich: eim Kind-Ich lebt sozusagen das „Kind in einem" wieder auf und in Gesprächssituationen können Reaktionen und Aktionen trotzig, uneinsichtig und impulsgesteuert sein. Aber es beinhaltet auch positive Eigenschaften wie zum Beispiel die Kreativität und Phantasie.[20]

Das Modell der Transaktionsanalyse geht von folgenden Grundannahmen aus. Basierend auf diesen Annahmen wurde das Kommunikationsmodell entwickelt was zur besseren Verständlichkeit des Kommunikationsverhaltens dient.[21]

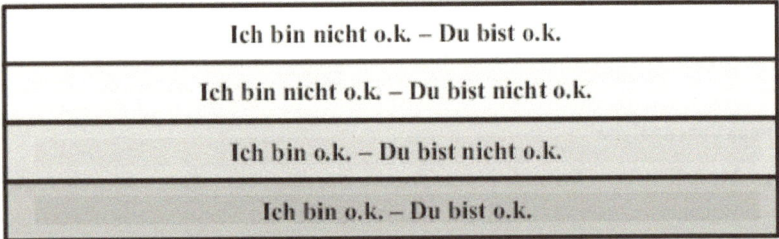

Abb. 4 Grundvoraussetzungen der Transaktionsanalyse[22]

Kommunikationsstörungen

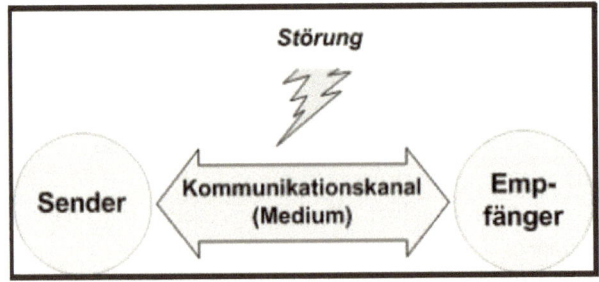

Abb. 5 Kommunikationsstörung[23]

---

[20] Walter Simon (2004). Gabals großer Methodenkoffer – Grundlagen der Kommunikation. Seite 32ff.
[21] Walter Simon (2004). Gabals großer Methodenkoffer – Grundlagen der Kommunikation. Seite 42f.
[22] Selbst erstellte Grafik in Anlehnung an Walter Simon (2004). Gabals großer Methodenkoffer – Grundlagen der Kommunikation. Seite 42.
[23] http://images.wikia.com/marketing/de/images/0/0f/Sender-Empf%C3%A4nger-Modell.png

Der Prozess der Kommunikation ist sehr komplex und daher kann es zu verschiedenen Störungen kommen. Als Kommunikationsstörungen werden Abläufe definiert in denen zwischen Interaktionspartnern aus unterschiedlichen Gründen Differenzen entstehen, also wenn die Gesprächspartner in einem Kommunikationsverlauf bezüglich eines Themas verschiedenen Ansichten, Wünsche, Erwartungen oder Absichten haben, die nicht miteinander vereint werden können.[24] Ein weiterer Faktor ist, wenn sich die Interaktionspartner aus verbalen oder paraverbalen Gründen nicht verständigen können. Zum Beispiel sprechen sie nicht die gleiche Sprache oder verstehen sich aus Dialektgründen nicht. Aber auch der nonverbale Bereich spielt bei Kommunikationsstörungen eine wichtige Rolle. Die meisten nonverbalen Signale werden unbewusst auch in alltäglichen Situationen gesendet wozu es zu einer gestörten Kommunikation führen kann. Beispiele hierfür wären eine unangemessen Kleidung, die Mimik widerspricht dem gesprochenen Wort (inkongruente Nachricht) oder sonstige Einflüsse wie starker Körpergeruch.[25] Dennoch entstehen die meisten Kommunikationsstörungen weil man auf verschiedenen Ebenen sendet und mit unterschiedlichen Ohren zuhört. Es sind nicht immer alle Empfangskanäle gleichzeitig erreichbar und deshalb können Gespräche unterschiedlich verlaufen. Auf welchem Ohr die Botschaft ankommt und welche Ohren gerade aktiv sind, kann einen wesentlichen Einfluss auf das Gespräch haben.[26]

Zusammenfassend kann man sagen, dass man nicht davon ausgehen kann, dass das gesendete Signal dem tatsächlichen Empfangenen entspricht. Diese Fakten sind auch für die Entstehung von Missverständnissen und damit für die Schaffung von Konfliktpotential verantwortlich.

---

[24] Rasoul Tanghatar (2011). Kommunikation und Körpersprache. Seite 153.
[25] Rasoul Tanghatar (2011). Kommunikation und Körpersprache. Seite 154ff.
[26] Friedmann Schulz von Thun (2010). Miteinander Reden (Band 1). Seite 61ff.

Konflikt

Definition Konflikt

Kon | flikt, der; -[e]s, -e
‹lat. Zusammenstoß› (Zwiespalt, [Wider]streit)[27]

Gibt man „Definition Konflikt" bei der Suchmaschine „Google" ein, bekommt man ungefähr 6.830.000 Ergebnisse. Dies verdeutlicht, dass es im Gegensatz zu dem Suchparameter „Definition Kommunikation" eine weitgehend einheitliche Definition des Begriffes gibt und auch in den meisten Bereichen einheitlich verstanden wird.

Folgendes kann als Definitionsversuch herangetragen werden:

> „Sozialer Konflikt ist eine Interaktion zwischen Aktoren (Individuen, Gruppen, Organisationen usw.), wobei wenigstens ein Aktor Unvereinbarkeiten im Denken/Vorstellen/Wahrnehmen und/oder Fühlen und/oder Wollen mit dem anderen Aktor (anderen Aktoren) in der Art erlebt, dass im Realisieren eine Beeinträchtigung durch einen anderen Aktor (die anderen Aktoren) erfolge."[28]

Konfliktarten

Heißer Konflikt

Heiße Konflikte sind leichter zu erkennen, da sie meistens offensichtlich, lautstark und emotional ausgetragen werden. Heiße Konflikte sind auch dadurch geprägt, dass ein Interaktionspartner versucht den anderen von seinem Standpunkt oder einer bevorzugten Lösung zu überzeugen, da man davon überzeugt ist, dass die eignen Vorstellungen besser sind als die der Gegenseite. Der Vorteil von heißen Konflikten liegt darin, dass sie durch ihren Verlauf erkennbar und somit leichter zu bewältigen sind.[29]

Kalter Konflikt

Kalte Konflikte hingegen werden ohne verbale Kommunikation der Beteiligten ausgetragen. Außerdem sind diese meist mit einer emotionalen Belastung verknüpft.[30] Kalte Konflikte sind vor allem dadurch gekennzeichnet, dass die beteiligten Personen sabotieren, verzögern und blockieren. Es geht primär

---

[27] Duden (2004). Die deutsche Rechtschreibung (Band 1). Seite 561.
[28] Friedrich Glasl (2010). Konfliktmanagement. Seite 17.
[29] Friedrich Glasl (2010). Konfliktmanagement. Seite 77ff.
[30] Andreas Edmüller / Heinz Jiranek (2010). Konfliktmanagement. Seite 54f.

darum den Interaktionspartner zu schädigen anstatt zu überzeugen. Dadurch sind die Gesprächspartner meistens frustriert und desillusioniert. Oft sind kalte Konflikte das Ergebnis eines heißen Konflikts, der nicht adäquat gelöst wurde.[31]

Konflikttypen

Es gibt zahlreiche verschiedene Ansätze um Konflikte zu kategorisieren. Da die einzelnen Autoren aus verschiedenen Fachbereichen kommen gibt es keine einheitliche Typologie von Konflikten.

Beziehungskonflikt

Ein Beziehungskonflikt entsteht wenn zwei Interaktionspartner unterschiedliche Gefühle haben oder wenn Kommunikationsstörungen auftreten oder wenn bereits Differenzen wie zum Beispiel Vorurteile vorhanden sind.[32]

Wertekonflikt

Bei dieser Art von Konflikten stehen die Wertvorstellungen beziehungsweise Weltbilder von Menschen im Mittelpunkt. Somit kann man den Wertekonflikt auch als ideologischen Konflikt bezeichnen, da er sich auf die Einstellungen, Meinung und Verhaltensweisen bezüglich eines Themas fokussiert, zum Beispiel auf unterschiedliche Religionen, Ideologien oder Ethiken.[33]

Interessenskonflikt

Interessenskonflikte entstehen dadurch, dass beide Kommunikationspartner die gleichen Ziele oder Bedürfnisse an einer Sache haben. Die Beteiligten werden zu Konkurrenten, wenn das angestrebte Gut unteilbar ist oder für nur einen zur Verfügung steht.[34]

Identitätskonflikt

Man spricht von einem Identitätskonflikt, wenn eine Bedrohung für das eigene Selbstbild empfunden wird oder für die Eigenschaften, die charakterisierend für eine Person sind.[35]

---

[31] Friedrich Glasl (2010). Konfliktmanagement. Seite 80ff.
[32] Friedrich Glasl (2010). Konfliktmanagement. Seite 58f.
[33] Friedrich Glasl (2010). Konfliktmanagement. Seite 63f.
[34] Friedrich Glasl (2010). Konfliktmanagement. Seite 55.
[35] Gerhard Schwarz (2010). Konfliktmanagement. Seite 132f.

Konfliktfunktionen

Konflikte sind nicht ausschließlich negativ zu bewerten. Die Funktionen eines Konflikts liegen zum einen darin die möglichen Ursachen für die Unzufriedenheit er Interaktionspartner zu finden, indem die Beteiligten erfahren wo die Probleme liegen. Auch sind Konflikte zum anderen eine Garantie für Veränderungsprozesse, da sie signalisieren, dass eine Veränderung notwendig ist. Konflikte stärken ebenfalls die Gemeinsamkeit indem sich die Gesprächspartner besser verstehen lernen und herausfinden wo die Prioritäten des anderen liegen.[36] Die aufgeführten Punkte waren nur Beispiele, da es eine Vielzahl von Aspekten gibt, wie ein Konflikt als Chance wahrgenommen werden kann.

Konfliktursachen

Es gibt verschiedene Gründe, die ausschlagegebend für einen Konflikt sein können. Folgende Ausführungen umfassen deshalb nur einen Teil der möglichen Konfliktursachen. Einerseits spielen die unterschiedlichen Vorstellungen und Wertesysteme der Interaktionspartner eine entscheidende Rolle. Nicht außer Acht zu lassen sind, wie bereits in den vorangegangenen Punkten, die Störungen der Kommunikation, dazu zählt auch die Verweigerung von Kommunikation. Ein weiterer wesentlicher Faktor ist die aktuelle Situation in der sich die Gesprächspartner befinden. Zum Beispiel kann die Umgebung einen Konflikt begünstigen oder beschwichtigen.[37] Konflikte können auch entstehen wenn die Beziehungsebene der Gesprächspartner nicht geklärt ist. Das heißt bei einem Kommunikationsprozess wurden die Inhalts- und Beziehungsaspekte falsch interpretiert.[38]

---

[36] Gerhard Schwarz (2010). Konfliktmanagement. Seite 24ff.
[37] http://www.germanistik-kommprojekt.uni-oldenburg.de/sites/3/3_03.htm
[38] Paul Watzlawick (2011). Menschliche Kommunikation. Seite 95ff.

Lösungsansätze

Gewaltfreie Kommunikation

Als erstes stellt sich die Frage warum diese Methode als „Gewaltfreie Kommunikation" bezeichnet wird. Der Begriff „gewaltfrei" wird aus dem indischen Sanskrit-Begriff „Ahimsa" abgeleitet, der von Mahatma Gandhi verwendet wurde:[39]

> „Ahimsa umfasst dabei mehr als nur gewaltfreien Widerstand oder gewaltfreie Handlungen. Ahimsa bezeichnet eine Lebenseinstellung, die grundsätzlich eine Schädigung und Verletzung anderer vermeidet. Dazu gehört auch die Veränderung der eigenen Gedankenwelt mit möglichen Feindbildern und einer Sprache, die anderen für die eigenen Gefühle verantwortlich macht und damit die Eskalation von Konflikten fördert."[40]

Die gewaltfreie Kommunikation ist ein Modell, dass von Marshall B. Rosenberg in den 70er Jahren entwickelt wurde, um den zwischenmenschliche Kommunikationsfluss zu verbessern und Konflikte konstruktiv zu lösen. Die Grundvoraussetzung für die gewaltfreie Kommunikation ist unter anderem die Empathie. Das einfühlsame Verhalten ist ein wichtiger Aspekt um die versteckten Beobachtungen, Gefühle, Bedürfnisse und Bitten hinter den Worten zu entdecken. Auch ist es wichtig den Gesprächsinhalt des Kommutationspartners nochmal mit eigenen Worten zu reflektieren.[41] Ziele der gewaltfreien Kommunikation sind zum Beispiel negative Kommunikation entgegen zu wirken, Konflikte aktiv als Chance zur Verbesserung nutzen und die eigenen Wünsche und Belange zu erfüllen ohne Mitmenschen zu beeinträchtigen.[42]

Das Modell der gewaltfreien Kommunikation beinhaltet vier Komponenten die erfordern, dass man sie ehrlich ausdrückt und empathisch aufnimmt. Diese können in jeder Situation angewendete werden:

1. Beobachtungen: Als ersten Schritt muss das Geschehen in einer Situation beobachtet und erfasst werden. Diese müssen dann dem Gesprächspartner möglichst ohne persönliche Wertung mitgeteilt werden.
2. Gefühle: Der zweite Schritt umfasst die Aussprache der Gefühle während der Beobachtungssituation.

---

[39] Andreas Basu / Liane Faust (2011). Gewaltfreie Kommunikation. Seite 9ff.
[40] Andreas Basu / Liane Faust (2011). Gewaltfreie Kommunikation. Seite 9f.
[41] Marshall B. Rosenberg (2010). Gewaltfreie Kommunikation. Seite 35ff.
[42] http://www.gewaltfrei-kommunizieren.de/grundl.htm

3. Bedürfnisse: Im dritten Schritt werden die Bedürfnisse ausgesprochen, die hinter den Gefühlen stecken.
4. Bitten: Als letzter Schritt muss deutlich formuliert werden, was man von seinem Gesprächspartner will damit sich die Situation verbessert.[43]

Somit ist die gewaltfreie Kommunikation auch eine Interaktion, da man versucht diese vier Aspekte klar und verständlich auszudrücken, aber auch von den Mitmenschen aufzunehmen.[44] Diese Technik zur Kommunikationsverbesserung kann nicht als Universallösung in allen Situationen hinweg angewendet werden. Man muss sie entsprechend den Gegebenheiten und unterschiedlichen Situationen sowie Kulturen verändern und anpassen.

Metakommunikation

Meta-Kommunikation kann als Kommunikation über die Art und Weise der ablaufenden Kommunikation bezeichnet werden. Die Metakommunikation ist vor allem für die Teamkommunikation wichtig. Metakommunikation ist die am meisten verbreitete Methode, um gestörter Kommunikation entgegen zu wirken. Ziel ist es, von der aktuellen verfahrenen oder angespannten Situation Abstand zu nehmen, da das Gespräch in dieser Situation nicht mehr weiterkommt und um die Situation besser reflektieren zu können. Anschließend soll geklärt werden, wie miteinander umgegangen wurde und wie die gesendete Nachricht eigentlich gemeint war und wie diese entschlüsselt wurde sowie die damit verbundene Reaktion. Metakommunikation wird im Alltag selten genutzt, obwohl sie eine effektive Methode ist um Konflikte zu entschärfen, da viele Menschen ungern über das aktuelle Gespräch reden. Ein Grund hierfür könnte unter anderem sein, dass die Anwendung dieser Technik voraussetzt, dass die eigenen Wahrnehmungen offenbart werden.[45]

---

[43] Marshall B. Rosenberg (2010). Gewaltfreie Kommunikation. Seite 25.
[44] http://www.gewaltfrei-kommunizieren.de/grundl.htm
[45] Friedmann Schulz von Thun (2010). Miteinander Reden (Band 1). Seite 91ff.

Abb. 6 Metakommunikation[46]

Effektive Kommunikation

Ein wesentlicher Aspekt, wie man Missverständnisse vorbeugen kann, ist auch die Art und Weise wie man kommuniziert. Es gibt viele Tools und Techniken, die eine effektive und effiziente Kommunikation fördern. Wichtige Aspekte im verbalen Bereich wären zum Beispiel die Verbesserung von Stimmbildung, das heißt die Art wie man sich artikuliert sowie in welcher Lautstärke oder in welchem Tempo man spricht. Auch spielen Zuhör- und Fragetechniken eine bedeutende Rolle in der zwischenmenschlichen Kommunikation, denn dadurch können schon frühzeitig Unstimmigkeiten aufgedeckt werden.[47]

Nonverbale Faktoren können ebenfalls zu einer verbesserten Kommunikation beitragen. Das Hauptaugenmerk liegt hierbei im Bereich der Körpersprache, wie vorangegangen bereit s erläutert, da dies einen entscheidenden Einfluss auf den Gesprächsverlauf hat. Dabei kommt es vor allem auf die Mimik, Gestik, Blickwechsel, Haltung, Körperbewegungen und die äußere Erscheinung an. Beispiele hierfür wären eine angemessene Kleidung sowie ein gepflegtes Äußeres in einem Bewerbungsgespräch. Das heißt man muss sich der Situation anpassen damit man verhindert, dass falsche Signale, wie in diesem Beispiel ein Desinteresse an der Stelle, gesendet werden.[48]

---

[46] http://www.metrionconsulting.de/sites/default/files/image/newsletter14/elb_01.gif
[47] Philipp Radtke / Sabine Stocker / Alexander Bellabarba (1998). 7 Techniken für eine effektive Kommunikation. Seite 13ff.
[48] Winfried Pohl / Gisela Sämann (2008). Effektive Kommunikation. Seite 81ff.

Fallbeispiel

Frau Meier ist seit 8 Wochen in der neuen Firma und stellt heute die Ergebnisse ihrer Arbeit bei der Vorstandssitzung vor. Kurz nach Beginn ihres Vortrages, den sie mit Power-Point Grafiken zu visualisieren und unterstützen versucht, unterbricht sie der Vorstandsvorsitzende Herr Kaiser lautstark: „Ich will diesen Mist nicht sehen, hören Sie auf!" Frau Meier reagiert erschrocken: „Äh, ja gut, Sie wollen nichts mehr hören? Ich dachte Sie interessiert das?" Sie schaltet den Beamer aus, fährt den Laptop herunter, packt die Leinwand und Unterlagen zusammen um zu gehen. Herr Kaiser: „Was ist denn jetzt los? Warum gehen Sie raus?" Frau Meier: „Na, ich dachte, Sie haben doch gerade gesagt ..." Herr Kaiser: „Ich habe gesagt, ich will das nicht sehen, nicht ich will das nach hören!" Frau Maier: „Aha, ich soll es Ihnen mündlich vortragen?" – Herr Kaiser: „Ja! Und jetzt machen Sie endlich!" Also erzählt Frau Meier verunsichert die Details ihrer Arbeit. Am nächsten Tag im Büro kreisen die Gedanken von dem gestrigen Tag in Frau Meiers Kopf und sie kann sich nicht auf ihre Arbeit konzentrieren. Deswegen fasst sie einen Entschluss, dass sie sich das nicht gefallen lassen kann und das klären muss.

Lösung mithilfe der gewaltfreien Kommunikation

Um diese Konfliktsituation mit der gewaltfreien Kommunikation lösen zu können, muss Frau Meier vor allem auf die Wünsche, Bedürfnisse, Gefühle und Bitten hinter den Worten des Herrn Kaisers achten, aber ihre eigenen dürfen nicht außer Acht gelassen werden. Vermutlich haben Herrn Kaiser die vielen Grafiken in der Präsentation nicht gefallen, weshalb er einen mündlichen Vortrag ohne visuelle Unterstützung hören wollte. Frau Meier sollte sich nicht rechtfertigen warum von ihr Grafiken verwendet wurden, sondern im Gespräch darauf eingehen, warum Herr Kaiser diese nicht sehen wollte. Das klärende Gespräch sollte somit versuchen die Beweggründe des Herrn Kaisers zu klären und Frau Meier Gelegenheit bieten, ihre Gefühle und Bedürfnisse mitzuteilen ohne dass Herr Kaiser sich angegriffen oder in seiner Autorität missachtet fühlt. Ein mögliches Gespräch könnte demzufolge so verlaufen:

[...] Frau Meier: „Also, Sie können die Grafiken nicht ausstehen?" Herr Kaiser: „Ja genau, haben Sie eine Ahnung, wie oft ich meinen Führungskräften sage, dass unsere Mitarbeiter ihre Zeit nicht mit so einem Kram verschwenden sollen? Wir bezahlen die Leute nicht, damit sie Bildchen malen, sondern damit sie arbeiten." Frau Meier: „Das bedeutet also, dass Sie Wert auf den Inhalt legen und nicht auf die Form?" [...]

Lösung mithilfe der Metakommunikation

Diese Situation kann auch mittels der Metakommunikation gelöst werden. Diese Technik wird während der aktuellen Gesprächssituation verwendet und deshalb muss als erster Interaktionspunkt Abstand vom aktuellen Geschehen genommen werden. Somit ist es sinnvoll das Gespräch vor die Türe oder in einen separaten Raum zu verlagern, damit die Kommunikation nicht durch die anderen Teilnehmer gestört wird. Anschließend muss über die bereits abgelaufene Situation gesprochen werden. Dieser Schritt wird für Frau Meier am schwierigsten sein, da Herr Kaiser nicht nur Vorgesetzter sondern auch Vorstandsvorsitzender ist. Ein möglicher Gesprächsbeginn wäre:

[...] Frau Meier: „Was stört Sie an meiner Präsentation? Es wäre für mich wichtig zu wissen, da noch weitere Präsentationen anstehen." Herr Kaiser: „Ich kann die vielen Bildchen und Grafiken nicht leiden. Dadurch kann man sich nicht auf den wesentlichen Inhalt konzentrieren." Frau Meier: „Habe ich das richtige verstanden, dass ich mich auf den Inhalt und auf die Fakten konzentrieren soll und weniger auf die Form der Präsentation?" Herr Kaiser: „Ja, mir ist es wichtig, dass sie Ihre Arbeit erledigen und die Zeit nicht mit Bildchen malen verschwenden." Frau Meier: „Gut, das habe ich jetzt verstanden und verstehe Ihre Position auch. Mir war es unangenehm, dass Sie mich vor allen Anwesenden darauf angesprochen haben." [...]

Lösung mithilfe der effektiven Kommunikation

Die effektive Kommunikation kann die Bewältigung des Konfliktgesprächs nur unterstützen, indem Frau Meier zum Beispiel eine für den Anlass entsprechende Business-Kleidung wählt, um seriös und kompetent zu wirken. Ebenfalls sollte sie darauf achten, während des Gesprächs keine verschlossene und ablehnende, sondern eine offene und lernbereite Körperhaltung zu bewahren. Ein weiterer wesentlicher Aspekt ist das empathische Zuhören. Das heißt Mimik und Gestik sollten signalisieren, dass sie an einem positiven Gesprächsverlauf interessiert ist. Zuhörtechniken wie Kopfnicken spielen eine wichtige Rolle, da es dem Gesprächspartner Aufmerksamkeit vermittelt. Um Interesse zu vermitteln und sich aktiv an einer Lösung zu beteiligen sollten verschiedenen Fragetechniken eingebracht werden.

Fazit

Zusammenfassend kann man behaupten, dass der Vorgang „Kommunikation" ein sehr vielseitiger und komplexer ist. Erst wenn man sich mit diesem Thema befasst, wird einem deutlich, dass man sich dem Ablauf der Kommunikation nicht entziehen kann. Dieser findet auf vielen verschiedenen Ebenen bewusst oder unbewusst statt. Eine gute Kommunikationsfähigkeit ist somit wichtig für das zwischenmenschliche Zusammenleben, da sie Möglichkeiten bietet, um Konflikte, Missverständnisse oder Kommunikationsprobleme zu vermeiden. Im zweiten Teil dieser Arbeit wurde der Punkt „Konflikt" bearbeitet. Da die zwischenmenschliche Kommunikation nicht immer fehlerfrei funktioniert, braucht man verschiedene Lösungsansätze um bei Konflikten richtig zu interagieren. Diese Methoden sind sehr umfangreich und können bei richtiger Anwendung die Kommunikationsfähigkeit verbessern oder Konfliktsituationen entschärfen.

Literaturverzeichnis

Buchquellen

Andreas Basu / Liane Faust (2011). Gewaltfreie Kommunikation. Freiburg: Haufe-Lexware. Andreas Edmüller / Heinz Jiranek (2010). Konfliktmanagement – Konflikte vorbeugen, sie erkennen und lösen. 3. Auflage. Freiburg: Haufe-Lexware.

Doris Ternes (2008). Kommunikation – eine Schlüsselqualifikation. Paderborn: Junfermann Verlag.

Duden (2004).Die deutsche Rechtschreibung (Band 1). 23.Auflage. Mannheim: Dudenverlag.

Friedmann Schulz von Thun (2010). Miteinander Reden (Band 1). 48. Auflage. Hamburg: Rowohlt Taschenbuch Verlag.

Friedrich Glasl (2010). Konfliktmanagement – Ein Handbuch für Führungskräfte, Beraterinnen und Berater. 9. Auflage. Stuttgart: Haupt Verlag Bern.

Gerhard Schwarz (2010). Konfliktmanagement – Konflikte erkennen, analysieren, lösen. 8. Auflage. Wiesbaden: Gabler / GWV Fachverlage.

Marshall B. Rosenberg (2010). Gewaltfreie Kommunikation – Eine Sprache des Lebens. 9. Auflage. Paderborn: Junfermann Verlag.

Michael Argyle (2005). Körpersprache und Kommunikation – Das Handbuch zur nonverbalen Kommunikation. 9. Auflage. Paderborn: Junfermann Verlag.

Paul Watzlawick / Janet H. Beavin / Don D. Jackson (2011). Menschliche Kommunikation – Formen und Störungen. 12. Auflage. Bern: Verlag Hans Huber.

Philipp Radtke / Sabine Stocker / Alexander Bellabarba (1998). Kommunikationstechniken – 7 Techniken für eine effektive Kommunikation. Wien: Hanser Verlag.

Rasoul Tanghatar (2011). Kommunikation und Körpersprache. 1. Auflage. Gelnhausen: Wagner Verlag.

Roland Burkart / Walter Hömberg (2007). Kommunikationstheorien. 4. Auflage. Wien: Braumüller Universitäts- und Verlagsbuchhandlung.

Walter Simon (2004). Gabals großer Methodenkoffer – Grundlagen der Kommunikation. Offenbach: Gabal Verlag.

Winfried Pohl / Gisela Sämann (2008). Effektive Kommunikation – Die Kunst der Beziehungsgestaltung im beruflichen Alltag. Bergisch Gladbach: Verlag Andreas Kohlhage.

Internetquellen

http://arbeitsblaetter.stangl-taller.at/KOMMUNIKATION/Kommunikation.shtml#Shannon25ff.
Abrufdatum: 11.02.2012

http://elearning-ss11.fham.de/moodle/file.php/2031/komm_ss2008_grundlagen_neu.pdf
Abrufdatum: 03.02.2012

http://www.germanistik-kommprojekt.uni-oldenburg.de/sites/3/3_03.htm
Abrufdatum: 09.02.2012

http://www.gewaltfrei-kommunizieren.de/grundl.htm Abrufdatum: 10.02.2012

http://lexikon.stangl.eu/535/kommunikation/ Abrufdatum: 02.02.2012

http://www.steinrisser.at/tc/startseite/service/menschliche_kommunikation/
Abrufdatum: 10.02.2012

http://www.transkulturelles-portal.com/index.php/8/verbale-nonverbale-paraverbale-kommunikation Abrufdatum: 11.02.2012

Maria Reitzki (2007):

Ist Gewaltfreie Kommunikation alltagstauglich?
Eine kritische Auseinandersetzung mit der GfK nach
Rosenberg im Vergleich mit anderen
Kommunikationsmodellen

Einleitung

„Worte können Fenster sein – oder Mauern"[49]

Dr. Marshall B. Rosenberg

— Durch einfühlsames und partnerschaftliches Kommunizieren lässt sich tief in den anderen Menschen hinein blicken. Es wird eine Art Fenster zu den Gefühlen und Bedürfnissen seines Gegenübers geschaffen, denen respektvoll begegnet werden sollte. Verletzende oder vorwurfsvolle Äußerungen dagegen lösen schnell eine ablehnende, sich zurückziehende oder verteidigende Reaktion beim anderen aus. So ziehen die abwertenden Worte häufig eine Mauer zwischen den Gesprächspartnern hoch, die sich im Laufe der Zeit und bei weiterem Gebrauch einer urteilenden und diagnostizierenden Sprache nur verhärten wird. —

Dies ist eine Deutungsmöglichkeit des Zitats von Dr. Marshall B. Rosenberg, dem Begründer der Gewaltfreien Kommunikation (GfK). Rosenberg verwendet diese Metapher in seinem Hauptwerk zur Gewaltfreien Kommunikation[50] in Anlehnung an einen Songtitel seiner Kollegin Ruth Bebermeyer, der ebenfalls in seinem Hauptwerk erwähnt wird.[51] Doch was genau bedeutet Gewaltfreie Kommunikation? Welche Intention liegt der GfK zugrunde? Wie ist sie entstanden?

Konflikte mit unseren Mitmenschen sind immer Teil des Zusammenlebens. Mittlerweile gibt es viele Ansätze zum Umgang mit Konflikten und zur Bewältigung von Differenzen. Doch gibt es bisher keine, die sich als einzig wahre Theorie durchsetzen konnte. Könnte dieser Anspruch möglicherweise für die GfK erhoben werden? Ist sie ein geeigneter Ansatz zur Konfliktbewältigung? Laut Rosenberg lässt sich GfK in den unterschiedlichsten Situationen erfolgreich anwenden. Dazu zählt er „enge Beziehungen, Familien, Schulen, Organisationen und Institutionen, Therapie und Beratung, diplo-

---

[49] Rosenberg, Marshall B.: Gewaltfreie Kommunikation: Aufrichtig und einfühlsam miteinander sprechen. Neue Wege in der Mediation und im Umgang mit Konflikten. 4. Auflage. Paderborn: Junfermann 2003. Buchrückseite.

[50] Rosenberg, Marshall B.: Gewaltfreie Kommunikation: Aufrichtig und einfühlsam miteinander sprechen. Neue Wege in der Mediation und im Umgang mit Konflikten. 4. Auflage. Paderborn: Junfermann 2003.

[51] Vgl. Rosenberg, M.: Gewaltfreie Kommunikation. S. 14. Bei Bebermeyer lautet es „Worte sind Fenster (Oder sie sind Mauern)".

matische und geschäftliche Verhandlungen, Auseinandersetzungen und Konflikte aller Art."[52]

Doch ist GfK ein Ansatz, der nicht nur als Theorie besteht, sondern gerade dort, wo Konflikte tatsächlich entstehen, im alltäglichen Umgang mit anderen, seine Wirkung zeigt? Und kann die GfK auch abseits von Konflikten den Menschen im Leben weiterhelfen? Rosenberg gibt an, das Ziel der GfK sei es, „Beziehungen aufzubauen, deren Basis Offenheit und Mitgefühl ist".[53]

Aus diesen Überlegungen heraus ist eine übergeordnete Forschungsfrage entstanden: Ist Gewaltfreie Kommunikation alltagstauglich?[54] Bei der Untersuchung dieser Frage werde ich mich ausschließlich an dem originären Modell von Marshall B. Rosenberg und seiner Literatur orientieren. Zwar gibt es eine Vielzahl von Autoren, die teilweise zudem als GfK-Trainer tätig sind, die das Modell Rosenbergs weiterentwickeln und sich dabei auf bestimmte Anwendungsgebiete spezialisieren.[55] Um allerdings möglichst nah an der ursprünglichen GfK zu arbeiten, werde ich mich in dieser Arbeit auf Werke Rosenbergs beschränken.[56]

Zum besseren Verständnis sollen im ersten Teil der Arbeit zunächst die Grundannahmen der GfK, ihre Entstehung und Funktionsweise sowie ihre Besonderheiten ausführlich herausgestellt werden. Zur weiteren Veranschaulichung der GfK werde ich vier andere Kommunikationsmodelle[57] heranziehen;

---

[52] Ebd. S. 23.

[53] Ebd. S. 94.

[54] ‚Alltagstauglich' soll hier und in der gesamten übrigen Arbeit als alltäglich anwendbar und den Ansprüchen des Alltags entsprechend verstanden werden. Eine neue alltagstaugliche Kommunikationsform muss demnach dazu geeignet sein, den Platz herkömmlicher, bisheriger Sprechweisen einnehmen können.

[55] Z.B. Pásztor, Susann, Klaus-Dieter Gens: Ich höre was, das du nicht sagst. Gewaltfreie Kommunikation in Beziehungen. Paderborn: Junfermann 2004 (=gewaltfrei leben). Hart, Sura, Victoria Kindle Hodson: Empathie im Klassenzimmer. Gewaltfreie Kommunikation im Unterricht. Ein Lehren und Lernen, das zwischenmenschliche Beziehungen in den Mittelpunkt stellt. Paderborn: Junfermann 2006.

[56] Es werden auch aus anderen Büchern zitiert, soweit sich diese Stellen auf die GfK nach Rosenberg beziehen.

[57] Es ist anzumerken, dass hier und in der gesamten übrigen Arbeit Begriffe wie ‚Kommunikationsmodell', ‚Kommunikationsform' oder ‚Kommunikationstheorie' nicht zu eng verstanden werden dürfen. Es sind damit jegliche Formen von Werken gemeint, die von Annahmen, Ratschlägen, Meinungen, Verhaltensweisen etc. bezüglich menschlicher Kommunikation handeln.

auf diesem Teil der Arbeit wird ihr Hauptakzent liegen. Elemente aus den Arbeiten von Carl Rogers, Virginia Satir und Friedemann Schulz von Thun sowie aus dem Modell des Neurolinguistischen Programmierens (NLP) sollen aufzeigen, inwiefern Rosenberg bei der Entwicklung der GfK von anderen Modellen beeinflusst wurde. Anhand dieser Modelle, die wegen ihrer Bekanntheit und ihres anerkannten Erfolges ausgewählt wurden, soll auch über die Alltagstauglichkeit von GfK diskutiert werden.

Anschließend soll die GfK auf Gefahren hin untersucht werden. Dies wird einerseits über die Theorie der kognitiven Dissonanz geschehen, andererseits wird der Aspekt der Manipulation mit einbezogen werden.

Während der Recherche über das Gebiet der GfK fiel allerdings auf, dass bisher ausschließlich Bücher und Internetquellen existieren, die von Verfechtern der GfK veröffentlicht wurden und die sie insofern nur in einem positiven Licht darstellen. Somit steht bislang zwar reichlich Material zur Verfügung, das *von* GfK handelt, aber keines, das *über* GfK verfasst wurde. Dieser Mangel an Sekundärliteratur lässt sich möglicherweise darauf zurückführen, dass die GfK als Kommunikationsmodell noch relativ jung ist. Doch im Folgenden soll die GfK nicht einfach nur hingenommen werden, sondern kritisch betrachtet werden. Zwar kann im Rahmen dieser Arbeit keine vollständige Abhandlung über sämtliche Kritikpunkte an der GfK geleistet werden; doch sie liefert verschiedene Ansätze, um aufmerksam zu machen. Diese Arbeit verdichtet daher komprimiert erste unterschiedliche Ansatzpunkte, die in späterer Forschungsarbeit vertieft werden können. Der thematische Zusammenhang ist gegeben durch das Ziel, die Zusammensetzung und die Alltagstauglichkeit von GfK zu untersuchen.

Die Gewaltfreie Kommunikation nach Rosenberg

Da die GfK unbekannter ist als manch andere Kommunikationstheorie, sollen im Folgenden die Grundannahmen der GfK, ihre Entstehung und Funktionsweise sowie ihre Besonderheiten erläutert werden.

Die Entstehung der Gewaltfreien Kommunikation

Die Entwicklung der Gewaltfreien Kommunikation geht auf den jüdischstämmigen Amerikaner Dr. Marshall B. Rosenberg zurück. Ihre Geschichte beginnt im Sommer 1943, als der achtjährige Rosenberg zusammen mit seiner Familie nach Detroit, Michigan umzieht. Zu dieser Zeit entbrennt in der Stadt ein Rassenkrieg, der viele Opfer fordert. Als Rosenberg nach dem Rassenkrieg die für ihn neue Schule besucht, wird er aufgrund seines Namens und seiner Abstammung von Mitschülern verprügelt.[58] Dieses Ereignis lässt Rosenberg zwei Fragen nachgehen, die seit diesem Zeitpunkt sein Leben bestimmen:

> Was geschieht genau, wenn wir die Verbindung zu unserer einfühlsamen Natur verlieren und uns schließlich gewalttätig und ausbeuterisch verhalten? Und umgekehrt, was macht es manchen Menschen möglich, selbst unter den schwierigsten Bedingungen mit ihrem einfühlsamen Wesen in Kontakt zu bleiben?[59]

Seither sucht Rosenberg nach der Erkenntnis, warum Menschen sich gewalttätig verhalten und wie andere es wiederum schaffen, in noch so herausfordernden Situationen auf Gewalt verzichten zu können.

Auf seinem Bildungsweg studiert Rosenberg zunächst klinische Psychologie, um der Klärung seiner beiden lebensbestimmenden Fragen näher zu kommen[60] und promoviert im Jahr 1961 an der Universität von Wisconsin.[61] Anschließend nimmt er das Studium der vergleichenden Religionswissenschaften auf[62], wird 1966 mit Anfang 30 jedoch zum offiziellen Prüfer in klinischer Psychologie ernannt.[63] Zu der Zeit, als er in St. Louis eine psychologische Praxis leitet,

---

[58] Vgl. Rosenberg, M.: Gewaltfreie Kommunikation. S. 17.
[59] Vgl. ebd.
[60] Vgl. Rosenberg, Marshall B.: Die Sprache des Friedens sprechen – in einer konfliktreichen Welt. Was Sie als Nächstes sagen, wird Ihre Welt verändern. Paderborn: Junfermann 2006. S. 15.
[61] Vgl. Pásztor, S., K.-D. Gens: Ich höre was, das du nicht sagst. S. 93.
[62] Vgl. Rosenberg, M.: Die Sprache des Friedens sprechen. S. 16.
[63] Vgl. Rosenberg, M.: Gewaltfreie Kommunikation. S. 201.

beginnt seine konkrete Arbeit an der GfK.[64] Seine Tätigkeit in der Praxis bricht er zwischenzeitlich jedoch ab, als er sich nicht länger mit dem Zwang, Patientenberichte zu verfassen, abfinden kann. Er kündigt und ist eine Zeit lang als Taxifahrer tätig.[65]

Bei der Erforschung seiner Fragen stößt Rosenberg auf den enormen Einfluss der Sprache und des Gebrauchs von Wörtern auf die Fähigkeit, einfühlsam zu bleiben.[66] Mit dem Bewusstsein, welch große Rolle Kommunikation in Konfliktsituationen spielt, entwickelt er im Lauf der Jahrzehnte seine eigene Art des Sprechens und Zuhörens, die uns „dazu führt, von Herzen zu geben, indem wir mit uns selbst und mit anderen auf eine Weise in Kontakt kommen, die unser natürliches Einfühlungsvermögen zum Ausdruck bringt."[67] Diese Methode bezeichnet er als Gewaltfreie Kommunikation auf der Basis des Begriffs ‚Gewaltfreiheit', wie Gandhi ihn versteht:[68] Demnach entfaltet sich unser einfühlendes Wesen, „wenn die Gewalt in unseren Herzen nachlässt"[69]. Denn Rosenberg empfindet die menschliche Sprechweise oft als gewalttätig, da sie häufig zum eigenen Leid oder zur Verletzung anderer führt.[70]

Mit den Jahren findet eine stetige Weiterentwicklung der GfK statt, sodass die in den 60er Jahren folgenden GfK-Trainings, die Rosenberg zur Verbesserung der Kommunikationsfähigkeit durchführt[71], sowie die weitere jahrelange Erfahrung 1984 schließlich zur Gründung des Center for Nonviolent Communication (CNVC) in Sherman, Texas führen. Mittlerweile, mithilfe einer Vielzahl an

---

[64] Vgl. Rosenberg, Marshall B.: Erziehung, die das Leben bereichert. Wie gewaltfreie Kommunikation (GFK) im Schulalltag dazu beiträgt, die Leistungsfähigkeit zu verbessern, Konfliktpotenziale abzubauen und Beziehungen zu fördern. Paderborn: Junfermann 2004. S. 19.
[65] Vgl. Rosenberg, Marshall B.: Konflikte lösen durch Gewaltfreie Kommunikation. Ein Gespräch mit Gabriele Seils. 5. Auflage. Freiburg: Herder 2005 (= Herder spektrum 5447). S. 42.
[66] Vgl. Rosenberg, M.: Gewaltfreie Kommunikation. S. 18.
[67] Ebd.
[68] Vgl. ebd.
[69] Ebd.
[70] Vgl. ebd.
[71] Vgl. Rosenberg, Marshall B.: Kinder einfühlend unterrichten. Wie SchülerInnen und LehrerInnen durch gegenseitiges Verständnis Erfolg haben können. Paderborn: Junfermann 2005 (= Gewaltfreie Kommunikation: Die Ideen & ihre Anwendung). S. 64.

Trainerteams und Organisatoren, hat sich das CNVC ein weltweit angewandtes Ausbildungsprogramm aufgebaut.[72]

Dieser Entwicklung liegt die Absicht zugrunde, die Kommunikation der Menschen untereinander zu verbessern, um ein friedlicheres Zusammenleben und Lösen von Konflikten zu ermöglichen.[73] Die im Laufe der Jahre gefestigten Kommunikationsprobleme der Menschen, ob im Zweierkonflikt, im Streit in einer Gruppe oder zwischen ganzen Nationen, sollen einer Sprache, die vom Herzen aus spricht[74], weichen. Rosenberg sieht es dabei als seine Mission an, „eine Welt zu schaffen, in der jedermanns Bedürfnisse erfüllt sind"[75]. Sein Konzept beruht dabei auf der Überzeugung, dass Menschen nicht von Natur aus gewalttätig sind.[76]

Das Grundmodell der Gewaltfreien Kommunikation

Das Grundmodell der GfK basiert auf einem humanistischen Menschenbild, wonach alle Menschen grundsätzlich als gut angesehen werden und im Grunde die gleichen Bedürfnisse haben[77]. In der Hauptsache wollen sie zum Wohlergehen anderer beitragen, solange sie dieses freiwillig tun können.[78] „Nicht die unterschiedlichen menschlichen Bedürfnisse sind im Konflikt miteinander, sondern die Strategien, die wir einsetzen, um sie zu erfüllen"[79], sagt Rosenberg. Demnach gibt es keine schlechten Menschen, sondern ihre Taten drücken lediglich ihre unerfüllten Bedürfnisse aus.

Im Zentrum der GfK stehen zwei Fragen, die sich die Menschen, wie Rosenberg annimmt, immer wieder stellen: „Was ist in uns lebendig?"[80] und „Was können wir tun, um das Leben schöner zu machen?"[81] An dieser Stelle wird bereits

---

[72] Vgl. Pásztor, S., K.-D. Gens: Ich höre was, das du nicht sagst. S. 93.
[73] Vgl. Rosenberg, M.: Kinder einfühlend unterrichten. S. 1.
[74] Vgl. ebd. S. 10.
[75] Pásztor, Susann: Eine Sprache des Lebens. Ein Interview mit Marshall B. Rosenberg. Paderborn: Junfermann 2004 (= active-books). S. 4.
[76] Vgl. Pásztor, S., K.-D. Gens: Ich höre was, das du nicht sagst. S. 93.
[77] Vgl. Rosenberg, M.: Gewaltfreie Kommunikation. S. 68.
[78] Vgl. Rosenberg, M.: Kinder einfühlend unterrichten. S. 1.
[79] Pásztor, S.: Eine Sprache des Lebens. S. 2.
[80] Rosenberg, M.: Die Sprache des Friedens sprechen. S. 23.
[81] Dazu gehören auch die Fragen: „Was kannst du tun, um das Leben für mich schöner zu machen? Was kann ich tun, um das Leben für dich schöner zu machen?"; ebd.

deutlich, dass es in der GfK nicht darum geht, seine Ziele zu erreichen oder Konfliktlösungen herbeizuführen, sondern mit sich selbst und anderen in einen herzlichen, intensiven Kontakt zu treten und zwischenmenschliche Beziehungen zu verbessern. In folgendem Zitat wird diese Absicht nochmals verdeutlicht:

> Unser Ziel und das Ziel der Gewaltfreien Kommunikation ist nicht, zu bekommen, was wir wollen, sondern Verbundenheit zwischen Menschen herzustellen, die dazu führt, daß [sic] die Bedürfnisse aller berücksichtigt werden. So einfach und gleichzeitig so komplex ist das.[82]

Das Grundmodell der GfK, das anfangs durch seine Einfachheit besticht, dann aber in der Umsetzung die eigentliche Schwierigkeit erkennen lässt,[83] besteht zunächst aus zwei Teilen: Im ersten Teil geht es um das eigene offene Ausdrücken, um das Ich in der Methode. Der zweite Teil beinhaltet das empathische Aufnehmen des anderen, die Seite des Du.[84] Durch dieses abwechselnde Geben und Nehmen innerhalb des Vorganges entsteht ein Kommunikationsfluss, der die GfK zu einer prozessorientierten[85] Kommunikationstechnik macht.[86] Dabei werden moralische Urteile, Kritik, Bewertungen und Vergleiche ausgelassen, da Rosenberg von ihnen glaubt, sie trügen zu gewalttätigem Verhalten bei.[87] Außerdem sieht Rosenberg Urteile, Kritik, Diagnosen und Interpretationen des Verhaltens anderer Menschen als „entfremdete Äußerungen unserer eigenen, unerfüllten Bedürfnisse"[88] an. Wirft eine Frau ihrem Mann beispielsweise vor: „Du liebst deine Arbeit mehr als mich", so kann hinter dieser Äußerung ein unerfülltes Bedürfnis nach Nähe stecken.[89] Er bezeichnet die Art von Kommunikation, die ein Denken in Kategorien wie ‚richtig/falsch' über andere Menschen impliziert, als „lebensentfremdende Kommunikation"[90]. Der Mensch soll nicht aus Angst, Scham, Schuld- oder Pflichtgefühl heraus handeln[91], sondern weil er seinen Mitmenschen Gutes tun will, „aus dem Wunsch heraus,

---

[82] Rosenberg, M.: Erziehung, die das Leben bereichert. S. 37.
[83] Vgl. Rosenberg, M.: Konflikte lösen durch Gewaltfreie Kommunikation. S. 12.
[84] Vgl. Rosenberg, M.: Gewaltfreie Kommunikation. S. 101.
[85] Vgl. Rosenberg, M.: Erziehung, die das Leben bereichert. S. 27.
[86] Vgl. Rosenberg, M.: Gewaltfreie Kommunikation. S. 22.
[87] Vgl. ebd. S. 31.
[88] Ebd. S. 67.
[89] Vgl. ebd.
[90] Ebd. S. 31.
[91] Vgl. ebd. S. 32.

von Herzen zu geben"[92]. Daher werden in der GfK weder Strafen, noch Lob oder Komplimente ausgesprochen.[93] Zudem soll sich der Mensch seiner alltäglichen Wahlmöglichkeiten bewusst werden, anstatt sie durch die so genannte Traumtötersprache, die Wörter wie ‚müssen' und ‚sollte' enthält, zu verschleiern.[94] Auch auf Analysen und Etikettierungen anderer Menschen soll in der GfK verzichtet werden, da sie angeblich lediglich zu sich selbst erfüllenden Prophezeiungen führen.[95] Stattdessen formuliert Rosenberg seine Motivation zu „lebensbereichernden Interaktionen"[96] folgendermaßen:

> Wenn wir von Herzen schenken, dann tun wir das aus der Freude heraus, die immer dann entsteht, wenn wir das Leben eines anderen Menschen bewußt [sic] bereichern.[97]

Die vier Komponenten

Damit die GfK von ihren Nutzern erfolgreich angewendet werden kann, gibt Rosenberg einzelne Komponenten vor, die das Gespräch gewaltfrei verlaufen lassen sollen. Diese beziehen sich auf den bereits erwähnten ersten Teil der GfK; es handelt sich dabei im Einzelnen um folgende Bestandteile:

1. Beobachtung
2. Gefühl
3. Bedürfnis
4. Bitte[98]

Diese vier Komponenten können somit als Grundgerüst der GfK verstanden werden.

Im ersten Schritt wird dabei eine Beobachtung, z.B. darüber, was der andere gesagt oder getan hat, was einen selbst stört oder aber was gefällt, geäußert. Dabei kommt es darauf an, diese Beobachtung nicht mit einer Bewertung oder Beurteilung zu vermischen.[99] Eine beobachtende Äußerung wäre z.B.: „Du

---

[92] Ebd.
[93] Vgl. Rosenberg, M.: Erziehung, die das Leben bereichert. S. 35f.
[94] Vgl. Rosenberg, M.: Gewaltfreie Kommunikation. S. 176.
[95] Vgl. Rosenberg, M.: Die Sprache des Friedens sprechen. S. 25.
[96] Rosenberg, M.: Erziehung, die das Leben bereichert. S. 94.
[97] Rosenberg, M.: Gewaltfreie Kommunikation. S. 20.
[98] Vgl. ebd. S. 21.
[99] Vgl. ebd.

kommst eine halbe Stunde nach der verabredeten Zeit." Wohingegen eine bewertende Pauschalisierung so lauten könnte: „Du kommst immer zu spät!" Diese Äußerung kann nach Rosenberg schnell zu einer Abwehrhaltung der kritisierten Person führen[100], sodass die Entstehung eines Kommunikationsflusses beeinträchtigen werden kann. Die Beobachtung sollte sich daher immer auf einen bestimmten Zeitrahmen und einen konkreten Zusammenhang beziehen[101], um eine wahre und nicht verallgemeinernde Aussage zu tätigen.

Im nächsten Schritt werden die eigenen Gefühle in Bezug zu dem, was beobachtet wird, ausgedrückt. Hier ist es wichtig zu beachten, dass in der GfK erfüllte oder nicht erfüllte Bedürfnisse die Ursache für die eigenen Gefühle sind. Das Verhalten des anderen kann ein Auslöser sein, der auf die eigenen Bedürfnisse hinweist, nie aber kann das Handeln des Gegenübers verantwortlich sein für diese Gefühle.[102] Besonders wichtig ist es nach Rosenberg, seine eigenen Gefühle statt so genannter „'Nicht'-Gefühle"[103] oder Interpretationen über das Verhalten anderer mitzuteilen. Das ehrliche Ausdrücken der eigenen Gefühle bedeutet letztlich auch Verletzlichkeit, die ein wichtiges Element der GfK darstellt.[104] Um seine Gefühle klar und deutlich beschreiben zu können, kann es demnach hilfreich sein, sich seinen eigenen „Gefühlswortschatz"[105] aufzubauen.[106]

Als Drittes werden die Bedürfnisse, Wünsche und Vorstellungen, aus denen bestimmte Gefühle resultieren, ausgesprochen. Der Sprecher legt dar, was er braucht oder was ihm wichtig ist, das die zuvor genannten Gefühle verursacht. Hier zeigt es sich, ob der Sprecher Verantwortung für seine Gefühle übernimmt und seine dahinter stehenden Bedürfnisse erkennt.[107] So wäre an der Aussage „Du machst mich wütend, wenn du überall deine Sachen herumliegen lässt" zu bemängeln, dass einerseits die Schuld – und damit auch die Verantwortung für die eigenen Gefühle – auf jemand anderes geschoben und andererseits durch „Sachen" und „überall" verallgemeinert wird. Ein klarer, konkreter Ausdruck der eigenen Gefühle und Bedürfnisse auf der Grundlage einer beobachteten

---

[100] Vgl. ebd. S. 41.
[101] Vgl. ebd. S. 47.
[102] Vgl. ebd. S. 63.
[103] Ebd. S. 54.
[104] Vgl. ebd. S. 59.
[105] Ebd. S. 56.
[106] Näheres dazu unter Kapitel 2.3 (Die Bedeutung des Gefühlswortschatzes).
[107] Vgl. Rosenberg, M.: Gewaltfreie Kommunikation. S. 75.

Situation könnte dagegen lauten: „Ich bin wütend, wenn deine Bücher im Wohnzimmer auf dem Boden liegen, weil mir in gemeinsam genutzten Räumen Ordnung wichtig ist."

Abschließend wird eine Bitte an den anderen ausgesprochen. Diese soll in positiver Handlungssprache ausgedrückt werden, d.h. zum einen soll dem anderen in einer positiven Formulierung erläutert werden, was gewollt wird und nicht das, was nicht gewollt wird.[108] Zum anderen sollen konkrete Handlungen beschrieben werden, die in die Tat umgesetzt werden sollen. Vage, abstrakte und zweideutige Aussagen sollen vermieden werden.[109] Dabei ist zu beachten, die Bitte nicht mit einer Forderung zu verwechseln. Anhand der Formulierung oder des Tonfalls kann man nicht heraushören, ob es sich um eine Bitte oder eine Forderung handelt.[110] Entscheidend ist die Reaktion des Bittenden, falls der andere nicht bereit ist, die Bitte zu erfüllen. Denn bei einer Bitte soll dem anderen immer die Möglichkeit gegeben werden, sie umzusetzen oder nicht[111], während das Verweigern einer Forderung dagegen oft Konsequenzen wie Bestrafung oder Tadel nach sich zieht.[112]

Statt der Forderung „Ich will nicht, dass du so viel Zeit mit deinen Freunden verbringst" könnte die Bitte in positiver Handlungssprache etwa so klingen: „Ich möchte, dass wir mindestens drei gemeinsame Abende in der Woche miteinander verbringen." Dem anderen steht es nun offen, dieser Bitte nachzugehen oder nicht. Das Ziel, das mit dem Äußern einer Bitte verfolgt wird, sollte allerdings nicht darin bestehen, „andere Leute und ihr Verhalten zu ändern oder unseren Willen durchzusetzen"[113]. Vielmehr soll der Angesprochene darauf vertrauen können, dass es dem Bittenden in erster Linie um eine Verbesserung der Beziehungs- und Lebensqualität geht; es ist ihm vorbehalten, die Bitte ausschließlich auf freiwilliger Basis in die Tat umzusetzen, nämlich wenn er die Bedürfnisse des anderen erfüllen möchte.[114]

---

[108] Vgl. ebd. S. 81.
[109] Vgl. ebd. S. 82f.
[110] Vgl. ebd. S. 91.
[111] Vgl. ebd.
[112] Vgl. ebd. S. 98.
[113] Ebd. S. 94.
[114] Vgl. ebd.

Um eine komplette Äußerung im Sinne der GfK zu tätigen, ist eine Orientierung an folgendem Satzschema möglich: „Wenn **a**, dann fühle ich mich **b**, weil ich **c** brauche. Deshalb möchte ich jetzt gerne **d**."[115] Diese Äußerung könnte so in etwa aussehen: „Wenn du versprichst, dass du mich besuchst, dann aber doch nicht vorbeikommst, bin ich frustriert, weil mir Zuverlässigkeit wichtig ist und ich mich auf deine Zusagen verlassen möchte. Könntest du mir beim nächsten Mal bitte Bescheid sagen, wenn du den Termin nicht einhalten kannst?"

Empathie

Den zweiten Teil der GfK bildet das empathische Aufnehmen des anderen. „Empathie bedeutet ein respektvolles Verstehen der Erfahrungen anderer Menschen."[116] Drücken andere Menschen ihre Anliegen aus, auch wenn es sich dabei scheinbar um Beleidigungen, Anschuldigungen, Kritik etc. handelt, soll die Aufmerksamkeit des Zuhörenden jedoch auf die Gefühle und Bedürfnisse des Sprechenden gerichtet werden, anstatt die Vorwürfe persönlich zu nehmen.[117] Hier ist wieder eine Orientierung an den vier Komponenten, am Grundgerüst der GfK, möglich: „Egal was jemand sagt, wir hören nur darauf, was er a) beobachtet, b) fühlt, c) braucht und d) erbittet."[118]

Die wertvollste Art von Empathie, die man einem anderen Menschen gegenüber aufbringen kann, ist nach Rosenberg aber die Fähigkeit, präsent zu sein.[119] Präsenz ermöglicht das Hören von Gefühlen und Bedürfnissen des anderen, sogar wenn sie schweigend ausgedrückt werden:[120] Im Gegensatz dazu bedeutet Empathie nicht vernunftmäßiges Verstehen[121] oder das Zeigen von Sympathie im Sinne von Zustimmung oder Mitleid.[122] Für den Zuhörer kann es hilfreich sein, das Verstandene zu paraphrasieren und mit seinen eigenen Worten wiederzugeben. Durch das Paraphrasieren können Missverständnisse im Ansatz vermieden werden; somit kann durch diesen zunächst umständlich erscheinen-

---

[115] Ebd. S. 166.
[116] Ebd. S. 103.
[117] Vgl. ebd. S. 106.
[118] Ebd. S. 105.
[119] Vgl. ebd.
[120] Vgl. ebd. S. 133.
[121] Vgl. ebd. S. 105.
[122] Vgl. Rosenberg, M.: Erziehung, die das Leben bereichert. S. 72.

den Vorgang doch Zeit gespart werden.[123] Ziel des Paraphrasierens ist wiederum die empathische Verbindung.[124]

Die Bedeutung des Gefühlswortschatzes

Ein spezielles Element der GfK, das hauptsächlich in Zusammenhang mit der zweiten Komponente steht, ist der eigene „Gefühlswortschatz"[125]. Dennoch ist dieses Element für die gesamte GfK von großer Bedeutung, da es bei der Konfliktlösung hilfreich sein kann. Denn mit dem Ausdrücken von Gefühlen wird gleichzeitig Verletzlichkeit preisgegeben,[126] wodurch die Kommunikation im Allgemeinen erleichtert werden kann. Doch da das eigene Repertoire an Schimpfwörtern oft umfangreicher ist als der Wortschatz, mit dem der Mensch seine Gefühlszustände beschreiben kann,[127] fällt es den meisten schwer, treffende Begrifflichkeiten für ihren aktuellen Gefühlszustand zu finden und durch passende Formulierungen ihr emotionales Befinden zu beschreiben.

Rosenberg empfiehlt daher die bewusste Auseinandersetzung mit seinen eigenen Gefühlen und die schrittweise Erweiterung eines eigenen Gefühlswortschatzes. Statt vager, allgemeiner Umschreibungen wie ‚gut' und ‚schlecht' sollen Wörter benutzt werden, die spezifische Gefühle ausdrücken.[128] Hier wird unterschieden zwischen Gefühlen, die entstehen, wenn bestimmte Bedürfnisse erfüllt sind (z.B. entspannt, erfreut, lebendig, überwältigt, munter etc.)[129] und Gefühlen, die entstehen, wenn bestimmte Bedürfnisse nicht erfüllt sind (z.B. ängstlich, deprimiert, frustriert, lustlos, traurig, unzufrieden etc.)[130].

Vermieden werden sollen jedoch Wörter, die statt eigener Emotionen und Empfindungen Interpretationen über das Verhalten anderer Menschen ausdrücken, wie z.B. angegriffen, ausgenutzt, betrogen, gezwungen, missverstanden, niedergemacht, unterdrückt und vernachlässigt.[131] Zudem besteht die

---

[123] Vgl. Rosenberg, M.: Gewaltfreie Kommunikation. S. 111f.
[124] Vgl. Rosenberg, M.: Erziehung, die das Leben bereichert. S. 77.
[125] Rosenberg, M.: Gewaltfreie Kommunikation. S. 56.
[126] Vgl. ebd. S. 59.
[127] Vgl. ebd. S. 51.
[128] Vgl. ebd. S. 56.
[129] Vgl. ebd. S. 57.
[130] Vgl. ebd.. S. 58.
[131] Vgl. ebd. S. 55f.

Gefahr, so genannte „'Nicht'-Gefühle"[132] zu äußern, die in ihrem Kern letztlich nur Gedanken und Meinungen äußern, wie z.B. „Ich habe das Gefühl, dass du es besser machen könntest" oder „Ich habe das Gefühl, meine Tante ist ein sehr fauler Mensch".

Die Bedeutung der Symbole von Wolf und Giraffe

Eine weitere Besonderheit stellt Rosenbergs Art und Weise dar, um die Inhalte der GfK zu veranschaulichen. Dazu verwendet er die Motive der Giraffe und des Wolfes. Diese Symbole nutzt er vor allem, um Kindern die GfK verständlich zu machen, doch auch in seinen Büchern und Workshops führt er oftmals dieses Beispiel aus der Tierwelt an.

Er unterscheidet zwischen der einfühlsamen Giraffensprache als Synonym für die GfK und der urteilenden Wolfssprache. Die Sprache des Wolfes steht dabei für die Ausdrucksweise, die die meisten Menschen im Laufe ihres Lebens verinnerlicht haben. Es ist eine Sprache, die Rosenberg als „lebensentfremdende Kommunikation"[133] bezeichnet. Im Gegensatz zur GfK schließt sie Urteile, Kritik, Bewertungen usw. ein. Anderen Menschen werden in der Wolfssprache Vorwürfe gemacht und ihnen wird die Schuld an den eigenen Gefühlen zugewiesen. „Wölfisch"[134] sprechende Menschen denken in Kategorien wie gut/böse, normal/unnormal, richtig/falsch etc. und geben dabei Analysen über das Fehlverhalten ihrer Mitmenschen ab.[135] Sie bestrafen andere Menschen oder versuchen sie mithilfe von Lob oder Komplimenten zu bestimmten Verhaltens- oder Denkweisen zu motivieren.[136]

Die Giraffensprache dagegen zeichnet sich durch ein hohes Maß an Offenheit, Mitgefühl und Ehrlichkeit aus.[137] Im Umgang mit anderen legt die sinnbildliche Giraffe großen Wert auf Rücksichtnahme und Respekt[138] mit dem Ziel einer partnerschaftlichen Kooperation[139] und einer vertrauensvollen Verbundenheit[140].

---

[132] Ebd. S. 54.
[133] Ebd.. S. 31.
[134] Rosenberg, M.: Kinder einfühlend unterrichten. S. 9.
[135] Vgl. ebd.
[136] Vgl. Rosenberg, M.: Gewaltfreie Kommunikation. S. 179.
[137] Vgl. Rosenberg, M.: Die Sprache des Friedens sprechen. S. 13.
[138] Vgl. Rosenberg, M.: Gewaltfreie Kommunikation. S. 26.
[139] Vgl. Rosenberg, M.: Kinder einfühlend unterrichten. S. 1.
[140] Vgl. Rosenberg, M.: Erziehung, die das Leben bereichert. S. 137.

Von großer Bedeutung sind in der Giraffensprache das einfühlsame Zuhören und das Geben von Empathie[141], damit die Lebensqualität aller verbessert werden kann. Da diese Sprache vom Herzen und nicht vom Kopf aus gesteuert wird, zeigt sich der Sprechende immer verletzlich.[142] Er übernimmt die Verantwortung[143] für seine Bedürfnisse, seine Gefühle und sein Handeln, wobei genauso das Handeln des anderen stets auf Freiwilligkeit[144] basieren soll. Die Intention der Giraffensprache liegt darin, die Bedürfnisse aller Beteiligten zu erfüllen.[145]

Mittlerweile stehen die Giraffe und der Wolf symbolisch für die GfK bzw. für die ‚Nicht-GfK': Nicht nur in den Trainings und Büchern von Rosenberg selbst, sondern auch andere Autoren und GfK-Trainer bedienen sich weltweit dieser Sinnbilder.[146] Doch warum hat sich Rosenberg gerade für diese beiden Tiere entschieden, um die GfK und eine gegenteilige Sprechweise zu verbildlichen? Rosenberg selbst gibt dazu nur einen knappen Erklärungsansatz:

> Warum ich sie Giraffensprache genannt habe? Also, zunächst einmal haben Giraffen das größte Herz aller an Land lebenden Tiere. Ich werde versuchen, Ihnen [...] zu zeigen, dass die Sprache der Gewaltfreien Kommunikation eine Sprache des Herzens ist. [...] Und da nun mal Giraffen das größte Herz aller landlebenden Tiere besitzen: Was für einen besseren Namen könnte ich für eine Sprache des Herzens finden als „Giraffensprache"?[147]

Warum er gerade den Wolf als Stellvertreter für einen aggressiven Kommunikationsstil festgelegt hat, bringt er an keiner Stelle zur Sprache.[148] Neben dieser knappen Begründung findet sich bei der Sprecherzieherin und Dozentin Gea Bernard eine ausführlichere Überlegung, wieso Rosenberg gerade diese beiden Tiere ausgewählt haben könnte. In ihrer Geschichte charakterisiert sie den Wolf u.a. als ein kräftiges Rudeltier, das manchmal sehr laut wird, weil

---

[141] Vgl. ebd. S. 71.
[142] Vgl. Rosenberg, M.: Gewaltfreie Kommunikation. S. 123.
[143] Vgl. ebd. S. 74f.
[144] Vgl. Rosenberg, M.: Kinder einfühlend unterrichten. S. 1.
[145] Vgl. Rosenberg, M.: Die Sprache des Friedens sprechen. S. 61.
[146] Vgl. z. B. Hart, Sura, Victoria Kindle Hodson: Empathie im Klassenzimmer. Gewaltfreie Kommunikation im Unterricht. Ein Lehren und Lernen, das zwischenmenschliche Beziehungen in den Mittelpunkt stellt. Paderborn: Junfermann 2006.
[147] Rosenberg, M.: Kinder einfühlend unterrichten. S. 10.
[148] In sämtlichen mir zur Verfügung stehenden Materialien konnte ich keine Erklärung für die Wahl des Wolfes finden.

es jeden erreichen oder Angreifer abschrecken will. Zudem muss der Wolf als Anführer des Rudels häufig so viele Fragen beantworten, sodass er sich darauf beschränkt, möglichst kurze, einfache Antworten zu geben. Des Weiteren veranschaulicht Bernard hier die Unterschiede zwischen Wolf und Giraffe. Zudem nennt sie mögliche Gründe, wie es dazu kommen könnte, dass das Ausdrücken in GfK mehr Zeit in Anspruch nimmt als in Wolfssprache.[149] Möglicherweise stimmen diese Überlegungen mit Rosenbergs Gründen für die Auswahl dieser Tiere überein.

Einflüsse auf die Methode der Gewaltfreien Kommunikation

Nachdem aufgezeigt wurde, wie die GfK entstanden ist und wie sie funktionieren soll, wo ihre Besonderheiten und Intentionen liegen, soll sie im folgenden Teil auf Beeinflussung von außen hin untersucht werden. Denn kann eine völlig neue Kommunikationsform erschaffen werden, ohne sich an bestehenden Modellen zu orientieren? Inwieweit hat Rosenberg sich bei der Entwicklung der GfK beeinflussen lassen? Welche Einflüsse nennt er? Und welche Anlehnungen an ältere Theorien lassen sich erkennen, ohne dass er die Verwendung dieser angibt? Anhand der Art der Einflüsse und deren Ursprünge können so erste kritische Schlüsse über den Grad der Alltagstauglichkeit von GfK gezogen werden.

Die Beeinflussung der Gewaltfreien Kommunikation laut Rosenberg

Bereits zu Beginn seines Hauptwerks, in der Einleitung zu seinem Buch *Gewaltfreie Kommunikation. Aufrichtig und einfühlsam miteinander sprechen*, sagt Rosenberg Folgendes über die Zusammensetzung der GfK aus:

> Sie beinhaltet nichts Neues; alles was in die GFK [sic] integriert wurde, ist schon seit Jahrhunderten bekannt. Es geht also darum, uns an etwas zu erinnern, das wir bereits kennen – nämlich daran, wie unsere zwischenmenschliche Kommunikation ursprünglich gedacht war. Und es geht auch darum, uns gegenseitig bei einer Lebensweise zu helfen, die dieses Wissen wieder lebendig macht.[150]

---

[149] Vgl. Bernard, Gea: About giraffes and wolfs. 2002 (unveröffentlicht).

[150] Rosenberg, M.: Gewaltfreie Kommunikation. S. 18.

Schon mit dem ersten Satz dieses Zitats gesteht Rosenberg nicht nur die Beeinflussung der GfK von außen ein, sondern weist sogar darauf hin, dass sein Kommunikationsmodell keine neuen Bestandteile enthält. Der darauf folgende Satz schwächt diese Aussage jedoch wieder ab: Anscheinend spricht Rosenberg nicht über die Methode und die einzelnen Elemente der GfK, die nichts Neues darstellen, sondern über die ursprüngliche Intention zwischenmenschlicher Kommunikation, den Umgang der Menschen miteinander und vielleicht sogar über die dieser Kommunikation zugrunde liegenden Werte, an die sich wieder erinnert werden soll. Dies ist jedoch nur eine Vermutung; denn Rosenberg drückt nicht explizit aus, was eigentlich konkret in die GfK integriert wurde und an welche Grundlagen sich genau erinnert werden soll. An dieser Stelle ist es auffällig, dass Rosenberg sich, entgegen seiner selbst aufgestellten Maxime, hier nur ungenau und abstrakt äußert. Weiterhin ist es bemerkenswert, dass er zwar bereits direkt am Anfang seines Buches hervorhebt, dass die GfK nichts Neues beinhaltet, was die immense Wichtigkeit dieser Aussage deutlich macht. In den Folgesätzen geht er jedoch nicht weiter auf diese gewichtige Aussage ein. Somit stellt sich die Frage, ob Rosenberg an anderer Stelle bestimmte Einflüsse auf die GfK konkret benennt.

Tatsächlich finden sich, verteilt in den Werken Rosenbergs, Bemerkungen über die Beeinflussung von außen. Doch in der Hauptsache handelt es sich hierbei um einzelne Aussprüche, die Philosophen oder Gelehrte über Einstellungen zum menschlichen Miteinander, über Normen und Werte oder über ihr Verständnis von Kommunikation zu einem nicht genannten Zeitpunkt kundgetan haben. Inhaltlich bestätigen diese Zitate lediglich die Ansichten Rosenbergs zu bestimmten Themen der Kommunikation oder zu menschlichem Verhalten; er verwendet sie folglich als Rechtfertigung, Bestätigung und Untermauerung der eigenen Annahmen.

Nur wenige Einflüsse scheinen demnach direkt auf die GfK eingewirkt zu haben. Zum einen geht, wie zuvor schon erwähnt, der Begriff ‚Gewaltfreie Kommunikation' auf Gandhis Verständnis von Gewaltfreiheit zurück.[151] Zum anderen gibt Rosenberg an, er habe einen Großteil der Ideen für die GfK von Buddha übernommen.[152] Dazu merkt er selbst an, dass viele Buddhisten

---

[151] Vgl. Rosenberg, M.: Gewaltfreie Kommunikation. S. 18; vgl. Pásztor, S.: Eine Sprache des Lebens. S. 4.
[152] Vgl. Rosenberg, M.: Konflikte lösen durch Gewaltfreie Kommunikation. S. 34.

allerdings die Existenz eigener Bedürfnisse leugnen,[153] sodass die bedeutende Komponente der Bedürfnisse in der GfK folglich nicht dem Buddhismus entstammen kann. Welche von Buddhas Ideen er allerdings letztlich in die GfK integriert hat, spezifiziert Rosenberg nicht näher.

Des Weiteren beruft sich Rosenberg in seinen Werken auf den indischen Philosophen Jiddu Krishnamurti, dessen Lebensweisheit stark die Komponente der Beobachtung beeinflusst hat. Denn laut Krishnamurti sei die höchste Form menschlicher Intelligenz die Fähigkeit, zu beobachten ohne zu bewerten.[154] Es ist allerdings fraglich, ob dieses Prinzip auch auf das heutige Gesellschaftssystem Deutschlands übertragbar ist. Muss der Mensch nicht viel mehr jede alltägliche Situation, der er begegnet, in der heutigen Zeit ebenso schnell bewerten, um einschätzen zu können, wie in der jeweiligen Situation zu handeln ist? Ist der Mensch überhaupt in der Lage, Vorgänge schlicht zu beobachten, ohne dabei zu analysieren oder zu bewerten? Kann das ‚bedenken' einer Situation einfach abgeschaltet werden? Möglicherweise ist Krishnamurtis hoher, aber theoretischer Anspruch in der Realität gar nicht praktikabel – und auch gar nicht wünschenswert. Vielmehr eröffnet die Fähigkeit zu interpretieren doch auch die Chance zu verstehen, worin das Wesen der jeweiligen Situation im eigentlichen Sinne besteht. Doch Rosenberg baut das System der GfK auf Krishnamurtis Weisheit auf, ohne dabei zumindest den ursprünglichen Kontext dieses einen Satzes zu hinterfragen.

Auf sein gesamtes Werk bezogen, scheint es jedoch der amerikanische Psychologe und Psychotherapeut Prof. Dr. Carl Rogers zu sein, der Rosenberg inspiriert hat. Bereits die Danksagung in den allerersten Zeilen seines Buches *Gewaltfreie Kommunikation. Aufrichtig und einfühlsam miteinander sprechen* widmet er seinem ehemaligen Lehrer:

> Ich bin dankbar, daß [sic] ich mit Professor Carl Rogers während der Zeit studieren und arbeiten konnte, als er die Komponenten einer positiven, zwischenmenschlichen Beziehung erforschte. Die Ergebnisse dieser Forschung haben eine Schlüsselrolle bei der Entwicklung des Kommunikationsprozesses gespielt, den ich in diesem Buch beschreibe.[155]

---

[153] Vgl. ebd.
[154] Vgl. Rosenberg, M.: Gewaltfreie Kommunikation. S. 44; vgl. Rosenberg, M.: Die Sprache des Friedens sprechen. S. 26; vgl. ebd. S. 102.
[155] Rosenberg, M.: Gewaltfreie Kommunikation. S. 13.

Weder auf die Schlüsselrolle, noch auf die konkreten Forschungsergebnisse geht er jedoch in Folgenden ein. An anderer Stelle sagt Rosenberg über die Beeinflussung durch Carl Rogers:

> Bestimmte Untersuchungen – wie Carl Rogers [sic] Studien zu den Charakteristika von heilenden Beziehungen – waren ebenfalls sehr hilfreich für mich.[156]

Wird Rogers an weiteren Stellen zitiert, so wird dort beispielsweise die Kraft der Empathie thematisiert[157], die Bedeutung von Authentizität in der Psychotherapie erörtert[158] oder hervorgehoben, wie wichtig es ist, selbst eigene Lernziele zu bestimmen.[159] Demzufolge scheint Rogers zwar diverse Auffassungen mit seinem ehemaligen Schüler Rosenberg zu teilen, doch nehmen seine Arbeiten wohl keinen Einfluss auf die Methode bzw. das Vorgehen der GfK. Zur Beeinflussung der GfK sagt Rosenberg zudem:

> Aus unterschiedlichen Richtungen kamen Dinge zusammen, die schließlich das ergaben, was ich nun mit Ihnen teilen möchte.[160]

Im Anschluss an diese Textpassage gibt er einen Überblick über diese ‚Dinge': Er spricht von Studien über Menschen, deren Verhalten in Konfliktsituationen er bewundert, von seinem Studium der Vergleichenden Religionswissenschaften und von den oben genannten ‚bestimmten Untersuchungen'.[161] Nach dieser knappen Übersicht formuliert er weiter:

> Aus all diesen Quellen entwickelte ich einen Prozess, der auf meiner Vorstellung basiert, wie sich menschliche Wesen zueinander verhalten können.[162]

Folglich scheint Rosenberg seiner Leserschaft vermitteln zu wollen, dass die Beeinflussung der GfK allein auf den oben genannten Quellen beruht.

---

[156] Rosenberg, M.: Die Sprache des Friedens sprechen. S. 16.
[157] Vgl. Rosenberg, M.: Gewaltfreie Kommunikation. S. 121.
[158] Vgl. ebd. S. 169f.
[159] Vgl. Rosenberg, M.: Erziehung, die das Leben bereichert. S. 98.
[160] Rosenberg, M.: Die Sprache des Friedens sprechen. S. 15.
[161] Vgl. ebd. S. 15f.
[162] Ebd. S. 16.

Die Beeinflussung der Gewaltfreien Kommunikation durch andere Kommunikationsmodelle

Entgegen Rosenbergs Angaben zur Beeinflussung der GfK lassen sich jedoch weitere Ähnlichkeiten zwischen der Methode der GfK und anderen Kommunikationsmodellen erkennen. Im Folgenden werden zum einen die Arbeiten von Carl Rogers intensiver untersucht werden, um weitere Parallelen zur GfK hervorzuheben. Zum anderen werden drei weitere Kommunikationsmodelle herangezogen, die bei näherer Betrachtung starke Übereinstimmungen mit Elementen der GfK aufweisen. Bei diesen Modellen handelt es sich um Ausführungen der Familientherapeutin Virginia Satir, um die Grundgedanken des Neurolinguistischen Programmierens (NLP) und um ein Modell des Kommunikationspsychologen Friedemann Schulz von Thun. Diese Arbeiten sollen jeweils nur kurz erläutert werden, um Zusammenhänge mit der GfK kenntlich zu machen; eingehende Analysen des jeweiligen Modells wären im Rahmen dieser Arbeit zu umfassend.

Entscheidend im Rahmen der folgenden Darstellungen ist jedoch die Tatsache, dass Rosenbergs Hauptwerk zur Gewaltfreien Kommunikation im Original erst 1999 erschienen ist. Zwar gibt er an, sich seit den 1960er Jahren mit ihrer Entwicklung zu befassen, doch wie ausgereift sein damaliges Konzept im Vergleich zur jetzigen GfK war, lässt sich nicht nachvollziehen. Fest steht, dass die heutige Form der GfK erst knapp 40 Jahre nach ihren Anfängen veröffentlicht wurde. Somit ist es denkbar, dass Rosenberg sich ebenfalls an Kommunikationstheorien orientiert hat, die nicht nur vor Beginn seiner Tätigkeitsphase geschaffen wurden, sondern die erst in der zweiten Hälfte des 20. Jahrhunderts entstanden sind.

Übereinstimmungen mit Carl Rogers' Werk

Wie auch Rosenberg studiert Carl Rogers u.a. an der Universität Wisconsin und verlässt die Uni 1924 als graduierter Student der Theologie.[163] Im Jahr 1957 nimmt er eine Stelle als Psychologie- und Psychiatrie-Professor an seiner ehemaligen Uni in Wisconsin an[164] und unterrichtet seine Studenten, darunter auch Marshall B. Rosenberg, bis zu seinem Scheitern und dem darauf folgenden

---

[163] Vgl. Groddeck, Norbert: Carl Rogers. Wegbereiter der modernen Psychotherapie. Darmstadt: Wissenschaftliche Buchgesellschaft 2002. S. 41.
[164] Vgl. ebd. S. 124.

Verlassen der Universität 1963.[165] Rogers (1902-1987) gilt als Begründer der klientzentrierten Psychotherapie[166], bei der der Klient, wie der Name bereits sagt, im Zentrum der Therapie steht. Diese Grundvoraussetzung leitet Rogers aus dem humanistischen Menschenbild ab, welches er in sich trägt und lebt. Joel Kovel; Professor der Psychiatrie, bezeichnet ihn sogar als perfekten Vertreter der humanistischen Schule bzw. sieht den humanistischen Ansatz als typisch für Rogers an.[167] Der Psychologe Jürgen Howe beschreibt Rogers' Menschenbild folgendermaßen:

> Die menschliche Natur sieht ROGERS [sic] als grundsätzlich positiv und konstruktiv an. Er fühlt sich dem Menschenbild der humanistischen Psychologie verpflichtet. Demnach entwickeln sich die Menschen im Laufe ihres Lebens selbstregulierend in Richtung auf zunehmende Reife, Selbstverwirklichung und Sozialisation hin. Diese Annahmen über das Wesen des Menschen sind grundlegend für alle theoretischen Ausführungen von ROGERS [sic].[168]

Das humanistische Menschenbild wählt auch Rosenberg später für die Grundlage all seiner Theorien. Noch deutlicher wird dieses in Anbetracht Rogers' Sichtweise über das Gute im Menschen. Kovel zitiert Rogers diesbezüglich:

> Eine der revolutionärsten Einsichten, die sich aus unserer klinischen Erfahrung entwickelt hat, ist die wachsende Erkenntnis: der [sic] innerste Kern der unmenschlichen Natur, die am tiefsten liegenden Schichten seiner Persönlichkeit, die Grundlage seiner tierischen Natur ist von Natur aus positiv – von Grund auf sozial, vorwärtsgerichtet, rational und realistisch.
>
> (Rogers 1973, 99 f)[169]

Was Kovel als „Kernstück der humanistischen Psychologie"[170] bezeichnet, verdeutlicht auch die Übereinstimmung mit Rosenberg, der ebenfalls davon ausgeht, dass es keine schlechten Menschen gibt und dass der Mensch von sich aus zum Wohlergehen anderer beitragen möchte. Dieser starke Glaube an das

---

[165] Vgl. ebd. S. 142.

[166] Vgl. ebd. S. 9.

[167] Vgl. Kovel, Joel: Kritischer Leitfaden der Psychotherapie. 3. Aufl. Frankfurt am Main: Campus Verlag 1984 (=Campus). S. 123.

[168] Howe, Jürgen: Störungsspezifisches Handeln in der Gesprächspsychotherapie? In: Zur Zukunft der klientenzentrierten Psychotherapie. Hrsg. von Rainer Sachse, Jürgen Howe. Heidelberg: Asanger 1989. S. 16.

[169] Zit. in: Kovel, J.: Kritischer Leitfaden der Psychotherapie. S. 124.

[170] Ebd.

Gute im Menschen beruht bei Rogers, wie auch bei Rosenberg, auf Vertrauen.[171] Daraus lassen sich wiederum die Kennzeichen des rogerianischen Beratungsansatzes ableiten:

> Ein Beratungsansatz nämlich, der aufgebaut ist auf den Respekt für die Person, Toleranz und Akzeptierung von Unterschieden, Vertrauen in die Fähigkeiten des anderen, Verantwortung für das eigene Handeln zu übernehmen und in Freiheit bis zur Reife zu wachsen.[172]

All diese Schlagwörter, wie auch die für Rogers wesentlichen Grundhaltungen eines Therapeuten gegenüber seinem Klienten, nämlich Echtheit, Empathie und positive Wertschätzung,[173] bestimmen ebenso das Werk Rosenbergs.

Genau wie bei Rosenberg dient auch Rogers' Therapieansatz nicht in erster Linie der Problemlösung,[174] sondern soll dem Klienten immer „eine verständnisvolle, einfühlende und akzeptierende Beziehung"[175] gewährleisten. Hierbei gilt wie auch bei Rosenberg: „Der klientenzentrierte Berater nimmt sich nicht vor, in das Leben anderer Menschen einzugreifen, um sie zu verändern."[176]

Übereinstimmend mit der GfK stehen auch in der Psychotherapie die Gefühle des Klienten im Vordergrund:

> Der Therapeut ist nicht an schwachen Gefühlsregungen interessiert, sondern er möchte sich auf die wichtigsten oder die vorherrschenden wirklichen Gefühle des Klienten einstellen. Die *wirklichen* [sic] Gefühle, die dem organischen Selbst am nächsten stehen, sind es, die den eigentlichen Kern des Menschseins ausmachen.[177]

Der Psychologe Anthony Barton behauptet sogar, der Mythos der klientzentrierten Psychotherapie läge in der Aussage „Gefühle sind alles"[178].

---

[171] Vgl. ebd. S. 125.

[172] Howe, Jürgen: Störungsspezifisches Handeln in der Gesprächspsychotherapie? S. 17.

[173] Vgl. Lietaer, Germain: Die Authentizität des Therapeuten. In: Perspektiven rogerianischer Psychotherapie. Kritik und Würdigung zu ihrem 50jährigen Bestehen. Hrsg. von Reinhold Stipsits, Robert Hutterer. Wien: WUV-Universitätsverlag 1992. S. 92.

[174] Vgl. Groddeck, N.: Carl Rogers. S. 81.

[175] Ebd. S. 97.

[176] Neville, Bernard: Rogers, Jung und die Postmoderne. In: Perspektiven rogerianischer Psychotherapie. Kritik und Würdigung zu ihrem 50jährigen Bestehen. Hrsg. von Reinhold Stipsits, Robert Hutterer. Wien: WUV-Universitätsverlag 1992. S. 188.

[177] Barton, Anthony: Freud, Jung und Rogers. Drei Systeme der Psychotherapie. Stuttgart: Klett-Cotta 1979 (= Konzepte der Humanwissenschaften). S. 185.

[178] Ebd. S. 196.

Bis hierher handelt es sich bei den Übereinstimmungen zwischen Rogers und Rosenberg um Ansichten und Überzeugungen über das Menschsein und den Umgang mit Menschen. Doch auch methodische Aspekte der rogerianischen Psychotherapie treten in der GfK auf. Das empathische Aufnehmen des anderen und das Paraphrasieren des Gesagten zeigen sich bei Rogers in Form des „Spiegelverhaltens"[179]. Der Therapeut wird im Idealfall zum Spiegel der Gefühle seines Klienten,[180] wobei „er sich selbst soweit wie möglich auf ein reines Instrument reduziert, um die Gefühle des anderen zu verstehen, sich in sie einzufühlen und sie auszudrücken."[181] Um sich vollständig auf das Gefühlsleben seines Klienten einzustimmen, soll sich der Therapeut selbst möglichst bis auf seine Spiegelfunktion auslöschen.[182] Der Therapeut interpretiert oder deutet nicht,[183] sondern greift ausschließlich auf, „was der Klient gerade gesagt hat, formuliert es um und gibt es dem Klienten zurück"[184]. Ist sich der Therapeut der Gefühle seines Klienten aber sogar bewusster als dieser selbst, so kann er die empfundenen Gefühle ausweiten und hervorheben, um eine bestimmte Stimmung zu verstärken und um seinem Klienten dessen eigene Gefühle zu verdeutlichen.[185]

Mit anderen Worten liegt das Wesen der Therapie im aufmerksamen Hören der Botschaft des Klienten und Zurückspiegeln an diesen; ggf. kann der Therapeut diese Botschaft treffender und vollständiger formulieren als der Klient selbst.[186] Diese Vorgehensweise lässt sich sehr gut nachvollziehen anhand der in den Werken Rogers' veröffentlichten Therapiegespräche. Die Parallelen zur GfK sind offensichtlich.

Im späteren Wirken Rogers' wurde die Rolle des Therapeuten weiter ausgebaut: Nun sollte auch er seine eigenen Gefühle ehrlich ausdrücken können.[187] „Das bedeutete keinen Verzicht auf das ‚verstehende Sprechen', sondern eine Bereicherung und Einstimmung auf die Gefühlswelt des Klienten."[188] Am

---

[179] Ebd. S. 180.
[180] Vgl. ebd. S. 179.
[181] Ebd. S. 180.
[182] Vgl. ebd. S. 185.
[183] Vgl. Kovel, J.: Kritischer Leitfaden der Psychotherapie. S. 126.
[184] Ebd.
[185] Vgl. Barton, A.: Freud, Jung und Rogers. S. 187.
[186] Vgl. Neville, B.: Rogers, Jung und die Postmoderne. S. 190.
[187] Vgl. Barton, A.: Freud, Jung und Rogers. S. 187.
[188] Ebd.

Vorgang des Spiegelns wird ein weiteres Mal das humanistische Menschenbild, das der klientzentrierten Psychotherapie zugrunde liegt, verdeutlicht: „Die Wertschätzung des Therapeuten gilt nicht dem, was der Mensch tut oder sagt, sondern dem, was er *ist* [sic], der Ganzheit in seinem Innern."[189] Daher soll der Therapeut seine eigenen Gefühle auch nur insoweit aussprechen, als dass er dabei dem Klienten hilft, dessen Gefühle treffender zum Ausdruck zu bringen.[190] Dies ist allerdings nur gegeben, solange er seine eigenen Gefühle als solche akzeptiert, ohne daraus Urteile oder Interpretationen über das Verhalten seines Klienten zu bilden.[191]

An dieser Stelle offenbart sich eine weitere Übereinstimmung mit der GfK: Urteile und Interpretationen über das Verhalten anderer Menschen werden ebenfalls abgelehnt. Doch es werden noch weitere Gesichtspunkte der so genannten Wolfssprache angesprochen, auf die sowohl Rosenberg in der GfK als auch Rogers in der Psychotherapie verzichtet. So werden beispielsweise moralische Werte, die durch Beifall oder Lob ausgedrückt werden, außen vor gelassen.[192] Ebenso hält Rogers Diagnosen über den psychischen Zustand anderer Menschen für unnötig bis nachteilig.[193]

Eine weitere Gemeinsamkeit mit der GfK liegt in der Prozessorientiertheit der Methodik: Wie auch die GfK hat sich die Psychotherapie zu einem Prozess wechselseitigen Gebens und Nehmens zwischen Klient und Therapeut entwickelt.[194] Innerhalb dieses Prozesses gilt eine Kommunikationsregel, die Rogers als „owning"[195] bezeichnet: Damit ist das Äußern von Ich-Botschaften anstatt Du-Botschaften gemeint, sodass der Therapeut stets seine eigenen Gefühle anstelle von Beurteilungen formuliert.[196] In folgendem Beispiel lassen sich sogar bereits Übereinstimmungen mit Rosenbergs vier Schritten der GfK erkennen:

---

[189] Kovel, J.: Kritischer Leitfaden der Psychotherapie. S. 126.

[190] Vgl. Barton, A.: Freud, Jung und Rogers. S. 188.

[191] Vgl. ebd.

[192] Vgl. Rogers, Carl R.: Einige neuere Konzepte der Psychotherapie. In: Perspektiven rogerianischer Psychotherapie. Kritik und Würdigung zu ihrem 50jährigen Bestehen. Hrsg. von Reinhold Stipsits, Robert Hutterer. Wien: WUV-Universitätsverlag 1992. S. 32.

[193] Vgl. Groddeck, N.: Carl Rogers. S. 103.

[194] Vgl. ebd. S. 12.

[195] Lietaer, G.: Authentizität des Therapeuten. S. 113.

[196] Vgl. ebd. S. 114.

Deshalb ist es wichtig, daß [sic] der Therapeut seine negativen Gefühle nicht zu lange aufstapelt, damit er dem Klienten noch genügend Offenheit entgegenbringen kann. Weiterhin muß [sic] er sehr deutlich kommunizieren, daß [sic] seine Gefühle mit einem bestimmten Verhalten des Klienten zu tun haben, und nicht mit dem Klienten als Person. Darum muß [sic] der Therapeut sein Feed-back so deutlich wie möglich umschreiben: wodurch dieses Gefühl in ihm gewachsen ist, was genau in der Interaktion mit dem Klienten Anlaß [sic] dazu war. Am wichtigsten ist wohl, daß [sic] der Therapeut auf die positiven Lebenstendenzen gerichtet bleibt, welche mit störenden Verhalten des Klienten verwoben sind, und daß [sic] er auch die positiven Aspekte seiner eigenen negativen Gefühle zum Klienten hin kommuniziert. So kommuniziert Rogers […] auch die Innenseite, d.h. den Grund seiner Langeweile, nämlich das Verlangen, mehr Kontakt mit seinem Klienten zu kriegen. Wenn wir dem Klienten Feed-back geben über sein störendes Verhalten, versuchen wir zugleich, die Nöte und die positiven Absichten, die dahinterstecken [sic] zu sehen, und diese in das Feed-back mit einzubeziehen.[197]

Aufgrund all dieser Ähnlichkeiten sollte deutlich geworden sein, dass Rosenberg mehr als nur Inspirationen von Carl Rogers' Werk aufgegriffen hat. Übereinstimmungen liegen nicht nur hinsichtlich des gemeinsamen humanistischen Menschenbildes und daraus resultierenden Überzeugungen vor, sondern auch in Ähnlichkeiten in Bezug auf die Methodik, insbesondere auf den Aspekt des Spiegelns.

Carl Rogers zählt zu den bedeutendsten Persönlichkeiten der Humanistischen Psychologie, und die von ihm entwickelte Art der Gesprächspsychotherapie ist seit Jahrzehnten weltweit als erfolgreiche Therapieform anerkannt. Wenn es aber eine so große Übereinstimmung zwischen Rogers' Psychotherapie und der GfK gibt – können die oben genannten Attribute dann nicht auch der GfK zugeschrieben werden? Ist die GfK nicht bereits durch das Funktionieren der ihr ähnlichen klientzentrierten Psychotherapie als alltagstauglich zu klassifizieren?

Bevor diese Fragen beantwortet werden können, muss sich dessen bewusst gemacht werden, dass Rogers' Theorie funktioniert, weil sich die Menschen, die mit ihr in Kontakt kommen, Hilfe suchend an einen Therapeuten wenden. Das bedeutet, dass sie ausschließlich in einer besonderen, isolierten Situation, nämlich in der Konfrontation mit dem Therapeuten, Rogers' Einstellungen und Methoden begegnen. Im Rahmen dieses zeitlich begrenzten und mit einem besonderen Ziel behafteten Aufeinandertreffens kann die humanistische Psychotherapie mit ihren Überzeugungen, angesiedelt als „Dritte Kraft" zwischen dem

---

[197] Ebd. S. 113.

engen Behaviorismus auf der einen und der eher spekulativen, pessimistischen Psychoanalyse auf der anderen Seite, sicherlich hilfreich sein.[198]

Rosenberg jedoch will die GfK und sein humanistisches Denken in den Alltag eines jeden integrieren. Daher lassen sich an dieser Stelle trotz der hohen Übereinstimmung mit Rogers und dem Funktionieren der rogerianischen Therapie noch keine Rückschlüsse über die Alltagstauglichkeit der GfK ziehen. Allerdings ist es festzuhalten, dass die GfK ebenfalls in besonderen Situationen wie der Therapie oder in Friedensverhandlungen möglicherweise große Erfolge erzielen kann.

Übereinstimmungen mit Virginia Satirs Werk

Auch die Ausführungen der aus Wisconsin stammenden Familientherapeutin Virginia Satir (1916-1988) weisen einige Parallelen zu Rosenbergs GfK auf. Satirs Berufsweg beginnt 1936 „in Chicago, wo sie zunächst als Erzieherin und dann als Sozialarbeiterin im klinischen Bereich"[199] arbeitet. Obwohl sie über keine medizinische Ausbildung verfügt, eröffnet sie 1951 eine private Praxis, in der sie auch ihre erste Familie therapiert.[200] Anfang der 1960er Jahre erscheint ihr erstes Buch, welches die damalige Form der Psychotherapie stark beeinflusste und eine wichtige Alternative für die Behandlung einzelner Klienten sowie ganzer Familien darstellte.[201] „Durch den Erfolg dieses Buches wurde Virginia Satir zu einer weltweit anerkannten Autorität in einem Bereich, der bis zu jener Zeit von Männern dominiert wurde."[202] In ihrer Arbeit verfolgt Satir den systemischen Ansatz und distanziert sich damit vom etablierten linearen Ursache-und-Wirkungs-Ansatz.[203]

---

[198] Vgl. Groddeck, N.: Carl Rogers. S. 91.

[199] Dodson, Laura S.: Der Prozess der Veränderung. In: Virginia Satir. Wege zum Wachstum. Ein Handbuch für therapeutische Arbeit mit Einzelnen, Paaren, Familien und Gruppen. Hrsg. von Gaby Moskau, Gerd F. Müller. 2. Aufl. Paderborn: Junfermann 1995. S. 16.

[200] Vgl. Müller, Gerd F., Gaby Moskau: Ein Portrait von Virginia Satir. In: Die entwicklungsorientierte Familientherapie nach Virginia Satir. Hrsg. von Maria Bosch, Wolfgang Ullrich. Paderborn: Junfermann 1989 (= Innovative Psychotherapie und Humanwissenschaften 46). S. 26.

[201] Vgl. Satir, Virginia, John Banmen, Jane Gerber, Maria Gomori: Das Satir-Modell. Familientherapie und ihre Erweiterung. Paderborn: Junfermann 1995. S.13.

[202] Ebd.

[203] Vgl. ebd. S. 19.

Satirs Therapiekonzept baut dabei auf einem ganzheitlichen Menschenbild[204] auf sowie dem Grundsatz der Gleichheit und Gleichwertigkeit aller Menschen.[205] Selbstwert, Wachstum und Kommunikation können als Schlagworte ihrer Arbeit bezeichnet werden.[206] Der Psychologe Wolfgang Walker beschreibt, sie zeichne sich „vor allem durch ihr außergewöhnliches Einfühlungsvermögen und einen zutiefst empfundenen Humanismus aus"[207]. Wie auch Rosenberg sieht Satir einen positiven Kern in jedem noch so destruktiven Verhalten.[208] Einer ihrer therapeutischen Glaubenssätze beinhaltet dementsprechend, dass Menschen im Grunde ihres Wesens gut sind.[209]

Des Weiteren beruht Satirs Konzept auf der festen Überzeugung, dass jeder Mensch sich verändern kann.[210] Ein weiterer therapeutischer Glaubenssatz lautet: „Gefühle sind ein Teil von uns. Wir alle haben sie."[211] Doch genau wie Rosenberg ist auch Satir der Meinung, dass das Verhalten eines anderen nie die Ursache für die eigenen Gefühle sein kann:

> Wir geben unsere Macht aus der Hand, wenn wir unsere guten oder schlechten Gefühle von den Handlungen anderer Leute abhängig machen. In Wirklichkeit sind wir selbst für unsere Gefühle verantwortlich.[212]

Anhand eines anschaulichen Beispiels zeigt sie, „daß [sic] das von A Gesagte nicht die Ursache der Gefühle von B ist."[213] Hier lassen sich enorme Übereinstimmungen mit Rosenberg erkennen. Denn auch Satir bringt eine Auflistung

---

[204] Vgl. Bosch, Maria: Die entwicklungs-orientierte Familientherapie. In: Die entwicklungs-orientierte Familientherapie nach Virginia Satir. Hrsg. von Maria Bosch, Wolfgang Ullrich. Paderborn: Junfermann 1989 (= Innovative Psychotherapie und Humanwissenschaften 46). S. 48.

[205] Vgl. Satir, V. u.a.: Das Satir-Modell. S. 25.

[206] Vgl. Walker, Wolfgang: Abenteuer Kommunikation. Bateson, Perls, Satir, Erickson und die Anfänge des Neurolinguistischen Programmierens (NLP). 2. Aufl. Stuttgart: Klett-Cotta 1998 (= Konzepte der Humanwissenschaften). S. 153.

[207] Ebd. S. 170.

[208] Vgl. Moskau, Gaby, Gerd F. Müller (Hrsg.): Virginia Satir. Wege zum Wachstum. Ein Handbuch für therapeutische Arbeit mit Einzelnen, Paaren, Familien und Gruppen. 2. Aufl. Paderborn: Junfermann 1995. S. 8.

[209] Vgl. Satir, V. u.a.: Das Satir-Modell. S. 33.

[210] Vgl. ebd. S. 14.

[211] Ebd. S. 33.

[212] Satir, Virginia, Paula Englander-Golden: Sei direkt. Der Weg zu freien Entscheidungen. Paderborn: Junfermann 1994. S. 132.

[213] Ebd. S. 133.

von Gefühlswörtern an, die dem Klienten helfen sollen, seine Gefühle treffender benennen zu können. Dazu erläutert sie:

> Wenn jemand sagt: „Ich fühle mich wie..." oder „Ich habe das Gefühl, daß [sic] ...", ist die Wahrscheinlichkeit groß, daß [sic] das, was folgt, eher ein Gedanke ist als ein Gefühl. Die Formulierung: „Ich habe das Gefühl, daß [sic] ich keinen guten Grund habe, nein zu sagen", ist ein Beispiel dafür; sie gibt wieder, was ich denke und nicht, was ich fühle.[214]

Mit exakt diesen Worten könnte die oben stehende Erklärung auch bei Rosenberg auftreten. Eine weitere Übereinstimmung, die Rosenberg allerdings ausschließlich auf den Philosophen Krishnamurti zurückführt, liegt in der Fähigkeit zu beobachten ohne zu bewerten. Satir bezeichnet dieses Phänomen als „unterscheidende Bewußtheit [sic]"[215], was die Trennung zwischen Ereignis und Interpretation bedeutet.[216] Satir behauptet sogar, es sei der wichtigste Teil in der therapeutischen Arbeit, Sinneswahrnehmungen von den dazugehörigen Interpretationen zu trennen.[217]

Überdies geht Satir, wie auch Rosenberg, davon aus, dass jeder Mensch stets über Wahlmöglichkeiten verfügt, um auf ein bestimmtes Ereignis zu reagieren und um es zu beeinflussen.[218] Wie Rosenberg die ‚Traumtötersprache' ablehnt, so lehnt auch Satir eine Sprache der Regeln ab:

> Die Sprache der Regeln enthält Wörter wie „müssen", „sollen", „dürfen", „niemals" und „immer". Sie können eine Regel daran erkennen, daß [sic] Sie sie ausdrücken in Worten wie: „Ich darf niemals...", „Ich muß [sic] immer...", „Ich sollte immer..." oder „Ich sollte nie..."[219]

Ferner spricht sich Satir ebenfalls für eine „Haltung des Akzeptierens und Verstehens statt des Beurteilens"[220] aus. Damit hängt u.a. auch ihre Absicht zusammen, den Zwang, anderen Vorwürfe zu machen, in eine positivere Art des Ausdrucks zu transformieren.[221]

---

[214] Ebd. S. 148.
[215] Satir, V. u.a.: Das Satir-Modell. S. 143.
[216] Vgl. ebd.
[217] Vgl. ebd.
[218] Vgl. Müller, G., G. Moskau: Ein Portrait von Virginia Satir. S. 34.
[219] Satir, V., P. Englander-Golden: Sei direkt. S. 106.
[220] Satir, V. u.a.: Das Satir-Modell. S. 20f.
[221] Vgl. Satir, V., P. Englander-Golden: Sei direkt. S. 157f.

Wie auch Rosenberg versteht Satir ihre Herangehensweise als prozessorientiert[222]. Doch sie sagt über ihre therapeutische Arbeit:

> Meine Techniken sind sehr variabel und davon abhängig, welche Veränderungen notwendig sind. [...] Ich will meine Arbeit dynamisch, relevant und zeitgemäß gestalten.[223]

Diese Kennzeichen weist Rosenbergs Kommunikationsmodell allerdings nicht auf. Er bietet seiner Leserschaft lediglich die vier Schritte der GfK, sodass, auch bei leichter individueller Abwandlung, stets nur diese vier Komponenten relativ statisch angewandt werden. Zudem stehen im Zentrum seiner Bücher immer wieder ausschließlich diese vier Schritte, sodass sich in Rosenbergs Gesamtwerk kaum ein dynamischer Charakter nachweisen lässt. Ein statisches Beibehalten seines begrenzten Konzeptes verdrängt somit Weiterentwicklung und Dynamik. Es stellt sich daher die Frage, ob sich die GfK trotz dieser Mängel als alltagstaugliche Sprache durchsetzen kann.

Satir als Vertreterin des systemischen Denkens steht Rosenberg in einem weiteren wichtigen Punkt uneinig gegenüber. Während Satirs therapeutisches Denken von Multikausalität geprägt ist und dem Bewusstsein darüber, dass bestimmte Ergebnisse oder Verhaltensweisen durch mehrere, ineinander greifende Faktoren hervorgerufen werden können, folgt Rosenberg noch der linearen, monokausalen Denkweise. Dies lässt sich besonders gut an seinem Vier-Komponenten-Modell erkennen, wonach eine Äußerung in GfK schrittweise aufeinander aufbaut: „Wenn a, dann fühle ich mich b, weil ich c brauche. Deshalb möchte ich jetzt gerne d."[224] Zwar sind solche Denkvorgänge möglich und wahrscheinlich, doch ist es fraglich, ob dieser Ansatz ausreicht, um GfK zu einer alltagstauglichen Kommunikationsform zu erklären.

Übereinstimmungen mit dem Neurolinguistischen Programmieren

Das Neurolinguistische Programmieren (NLP) ist ein zielorientiertes Kommunikationsmodell, das zurzeit hauptsächlich im Alltag angewandt wird. Im Gegensatz dazu treten die zuvor untersuchten Modelle zunächst in der Therapie auf, können aber auch in den Alltag übertragen werden. Darüber hinaus wird NLP in Bereichen wie der Psychotherapie, der Pädagogik, dem Management,

---

[222] Vgl. Satir, V. u.a.: Das Satir-Modell. S. 92.
[223] Müller, G., G. Moskau: Ein Portrait von Virginia Satir. S. 29.
[224] Rosenberg, M.: Gewaltfreie Kommunikation. S. 166.

dem Coaching, dem Verkauf, dem Gesundheitswesen oder der Sozialarbeit eingesetzt.[225] Das Modell geht auf seine Gründer John Grinder und Richard Bandler zurück, die Anfang der 1970er Jahre grundlegende Strukturen und Kommunikationsmuster bei bereits erfolgreichen Therapeuten beobachteten und daraufhin das Verfahren des „Modelling"[226] nutzten. Zunächst flossen Elemente der Arbeiten von Virginia Satir (Familientherapie), Fritz Perls (Gestalttherapie), Milton Erickson (Hypnotherapie) und Gregory Bateson (Systemtherapie) in dieses Modell ein.[227] Später wurde das NLP weiter entwickelt und verfeinert, sodass ein Modell für Kommunikation, Veränderung und persönliches Wachstum entstand, das die Wahrnehmung interpersoneller und intrapersonaler Kommunikationsmuster schärfen soll.[228] Der Begriff des Neurolinguistischen Programmierens selbst weist dabei „auf die Zusammenhänge hin zwischen körperlichen (neurophysiologischen) Zuständen, Sprache (Linguistik) und innerer Verarbeitung (Denkprogramme und -strukturen)."[229] Ziel und auch Voraussetzung des NLP sind Liebe und Respekt.[230]

Eine besondere Bedeutung kommt im Rahmen des NLP der so genannten inneren Landkarte zu. Statt der realen, physikalischen Welt bildet die innere Landkarte ein subjektiv wahrgenommenes, individuelles Modell der Welt ab, das wiederum den Umgang mit der objektiven Welt beeinflusst.[231] Bestimmte Wahrnehmungsfilter[232] beschränken die Auswahl an Erfahrungen, Informationen, Meinungen etc., aus denen nach und nach die eigene innere Landkarte konstruiert und verändert wird.

---

[225] Vgl. Ritschl, Karsten: Der Geist des NLP. Neurolinguistisches Programmieren zum Kennenlernen. Überarb. Neuauflage. Paderborn: Junfermann 2001. S. 91-97.

[226] „Modelling" bedeutet „Jemand mit einer Spitzenleistung dient als Modell." Ulsamer, Berthold, Claus Blickhan: NLP für Einsteiger. Neuro-linguistisches Programmieren leicht gemacht. Hrsg. von Hardy Wagner. 10. Aufl. Offenbach: GABAL 1998. S. 12.

[227] Vgl. Sawizki, Egon R.: NLP im Alltag. Einführung, Techniken, Übungen. 2. Aufl. Offenbach: GABAL 1996. S. 15.

[228] Vgl. ebd. S. 18.

[229] Blickhan, Daniela und Claus: Denken, Fühlen, Leben. Vom bewussten Wahrnehmen zum kreativen Handeln. München; Landsberg am Lech: mvg-Verlag 1989. S. 9.

[230] Vgl. Ritschl, K.: Der Geist des NLP. S. 19.

[231] Vgl. ebd. S. 15.

[232] Dazu zählen u.a. die kognitiven Prozesse der Tilgung, Generalisierung und Verzerrung. Vgl. Sawizki, E.: NLP im Alltag. S. 108.

Das NLP stützt sich im Wesentlichen auf vier Säulen: das Formulieren von Zielen, eine genaue Wahrnehmung, das Herstellen von Rapport und das Erreichen eines positiven inneren Zustandes.[233] Bereits in Bezug auf diese vier Grundfertigkeiten gibt es Übereinstimmungen mit Rosenbergs GfK. So sollen beispielsweise die zu erreichenden, selbst gesteckten Ziele positiv formuliert werden.[234] Die Psychologen Daniela und Claus Blickhan merken dazu an, dass negative Formulierungen auslösen, „daß [sic] wir an das denken, was wir *nicht wollen* [sic], und an das *nicht denken* [sic], was wir eigentlich wollen. [...] Damit unser Unterbewußtsein [sic] aber unsere Wahrnehmung und unser Handeln steuern kann, muß [sic] es wissen, worauf es sie ausrichten soll."[235] Diese Aussage entspricht exakt Rosenbergs Forderung nach einer positiven Handlungssprache.

Zum Schärfen der Wahrnehmung wird unter anderem die Technik des Kalibrierens angewandt. Kalibrieren bedeutet eine sehr genaue Beobachtung des Gegenübers, sodass nach einer Weile Einstellungen oder Meinungen allein an den nonverbalen Signalen des jeweiligen abgelesen und wieder erkannt werden können. Dabei soll allerdings ausschließlich beobachtet werden. Bewertungen wie „Sie sieht so traurig aus" oder „Er scheint wütend zu sein" bleiben außen vor.[236] Hier lässt sich deutlich die erste Komponente der GfK wieder erkennen, in der es ebenfalls darum geht, Beobachtungen nicht mit Bewertungen zu vermischen.

„Eine grundlegende Voraussetzung jeder Kommunikation ist die Etablierung einer Atmosphäre des Vertrauens und des gegenseitigen Respekts zwischen den beteiligten Personen, im NLP ‚Rapport' genannt"[237], beschreibt NLP-Trainer Egon Sawizki die dritte Säule des NLP. Der Psychologe Karsten Ritschl führt dazu aus: „'Rapport' beschreibt eine enge persönliche Beziehung und eine Verbindung, in der man mit anderen harmonisiert."[238] Der Rapport des NLP entspricht eindeutig einem der Hauptziele der GfK: mit sich selbst und anderen in einen herzlichen, intensiven Kontakt zu treten, zwischenmenschliche Beziehungen zu verbessern und einfühlende Verbindungen zu schaffen.

---

[233] Vgl. ebd. S. 89.
[234] Vgl. ebd. S. 29.
[235] Blickhan, D. und C.: Denken, Fühlen, Leben. S. 150.
[236] Vgl. ebd. S. 50.
[237] Sawizki, E.: NLP im Alltag. S. 85.
[238] Ritschl, K.: Der Geist des NLP. S. 58.

Rapport wird mittels des so genannten Pacens hergestellt[239], das ein bewusstes Angleichen an die Verhaltensweisen und ein Einfühlen in die Welt des anderen darstellt. Dazu stehen unterschiedliche Strategien zur Verfügung;[240] eine der Strategien erläutert Sawizki folgendermaßen: „Wir pacen Gefühle, indem wir einen traurigen Menschen in einer einfühlsamen Art und Weise ansprechen, anstelle ihn mit einem kräftigen ‚Kopf hoch' anzuschreien."[241] Eben diese Vorgehensweise zeigt sich in Rosenbergs empathischem Aufnehmen des anderen. Hierbei wird ebenfalls dem Gefühlsausdruck des anderen einfühlend zugehört, statt vernunftmäßig zu verstehen oder Mitleid zu bekunden. Eine weitere Strategie, um Rapport aufzunehmen, sind Zusammenfassungen oder Paraphrasierungen des Gesagten.[242] Auch in der GfK stellt das Paraphrasieren eine Möglichkeit dar, um eine empathische Verbindung entstehen zu lassen. Um es folglich mit den Worten des NLP auszudrücken: In der GfK wird ebenso gepacet um Rapport herzustellen.

Eine weitere Technik des NLP ist das Reframing. Es bezeichnet die Fähigkeit, Ereignissen, Verhaltensweisen oder Informationen einen ‚neuen Rahmen' zu geben. Dabei wird grob zwischen dem Bedeutungs- und dem Kontextreframing unterschieden.[243] Im Zusammenhang mit der GfK ist insbesondere die Unterform des Six-Step-Reframings von Interesse. Da dem NLP die Überzeugung zugrunde liegt, dass jedes Verhalten einen Nutzen und eine positive Absicht beinhaltet,[244] soll auch hier zunächst die positive Absicht, die hinter einem Problemverhalten steht, herausgefunden werden. Daraufhin sollen neue Verhaltensweisen entdeckt werden, die diesen Zweck effektiver und weniger störend erfüllen.[245] Auch an diesem Punkt lässt sich ein Bezug zu Rosenberg herstellen, der ebenfalls annimmt, dass hinter jedem Fehlverhalten ein positives Bedürfnis steht, das es mit einer anderen Strategie auf sinnvollere Weise zu befriedigen gilt.

---

[239] Erfolgreiches Pacing kann zum Leading (Führen) verändert werden.
[240] Dazu zählen z.B. das Übernehmen, Spiegeln und Überkreuz-Spiegeln. Vgl. Blickhan, D. und C.: Denken, Fühlen, Leben. S. 41.
[241] Sawizki, E.: NLP im Alltag. S. 95.
[242] Ebd. S. 98.
[243] Vgl. ebd. S. 151f.
[244] Vgl. Ulsamer, B., C. Blickhan: NLP für Einsteiger. S. 26.
[245] Vgl. Sawizki, E.: NLP im Alltag. S. 158.

Neben diesen Ähnlichkeiten mit grundlegenden Methoden des NLP liegen auch im Bereich der Gefühle Anzeichen vor, die auf eine Verbindung zur GfK hinweisen. So wird z.B., wie in der GfK auch, betont, dass das Verhalten anderer Menschen nicht die eigenen Gefühle bewirkt. Die Verantwortung für das eigene Erleben darf nicht dem anderen zugeschoben werden.[246] Ebenso wird im NLP festgehalten, dass „Urteile über unsere Gefühle (gut/schlecht) nicht dasselbe sind wie diese Gefühle selbst (Angst, Freude, Ärger, Glück...)."[247] Darüber hinaus sind Gefühle nicht identisch mit einem bestimmten Verhalten. Vielmehr obliegt der Person ein konkreter Wunsch – in der GfK wird an dieser Stelle von Bedürfnissen gesprochen –, der erfüllt werden soll. Daniela und Claus Blickhan führen hier das Beispiel des sich quengelig verhaltenden Kindes an. Es *fühlt* sich jedoch nicht quengelig, sondern allein gelassen, wohinter der Wunsch nach Zuwendung und Kontakt steckt.[248]

Zudem existieren noch weitere vergleichbare Details zwischen NLP und GfK. Dazu zählen die so genannten ‚ewigen Wahrheiten': Hierbei handelt es sich um Urteile und Bewertungen, denen der Bewertungsmaßstab fehlt, sodass sie zu scheinbar unumstößlichen Wahrheiten aufsteigen. Sie zeichnen sich durch Bewertungen wie gut, schlecht, richtig, besser, krank, verrückt, wahr, falsch usw. aus.[249] Diese ‚ewigen Wahrheiten' sollen im NLP wie auch in der GfK vermieden werden. Darüber hinaus wird im NLP ebenfalls darauf hingewiesen, dass Etikettierungen von Personen lediglich sich selbst erfüllende Prophezeiungen zur Folge haben. Ritschl verdeutlicht dieses anhand des Spruches „*Man wird, wie man beurteilt wird [sic]*"[250]. Genau wie auch Rosenberg warnt Sawizki vor dem Gebrauch von Generalisierungen bzw. Verallgemeinerungen. Worte wie alle, jeder, immer, niemand, niemals etc. schließen von einem Beispiel auf eine Vielzahl von Situationen und lassen demnach keine Ausnahmen zu.[251] Außerdem soll im NLP ebenfalls darauf verzichtet werden, Vergleiche zu ziehen, da sie eine sabotierende Wirkung haben.[252]

---

[246] Vgl. ebd. S. 115.
[247] Blickhan, D. und C.: Denken, Fühlen, Leben. S. 87.
[248] Vgl. ebd.
[249] Vgl. ebd. S. 80.
[250] Ritschl, K.: Der Geist des NLP. S. 43.
[251] Vgl. Sawizki, E.: NLP im Alltag. S. 113.
[252] Vgl. ebd. S. 125.

Aufgrund dieser hohen Übereinstimmung zwischen NLP und GfK scheint Rosenberg auch von diesem Kommunikationsmodell beeinflusst worden zu sein. Im Vergleich zu den Modellen von Rogers und Satir liegen die Analogien zum NLP größtenteils auf methodischer Ebene. Im Gegensatz dazu bestehen die Ähnlichkeiten zu den zuvor behandelten Modellen eher in gemeinsamen anthropologischen Grundannahmen und Wertvorstellungen, die sich auf das jeweilige Handeln auswirken.[253]

Es ist allerdings anzumerken, dass Sinneswahrnehmungen und Körpersprache im NLP eine weitaus größere Rolle spielen als in den zuvor behandelten Modellen. In der GfK hingegen wird gar nicht auf das nonverbale Verhalten der Menschen eingegangen. Dabei ist es erwiesen, dass die Körpersprache über die Hälfte der menschlichen Kommunikation ausmacht. Etwa ein Drittel trägt der stimmliche Ausdruck zur Kommunikation bei, und lediglich unter 10% der Kommunikation werden durch den Inhalt des Gesagten beeinflusst.[254] Wenn Rosenberg die GfK allerdings in den Alltag eines jeden integrieren will, ist es unerlässlich, sich auch mit den nonverbalen Aspekten menschlicher Kommunikation auseinanderzusetzen.

Übereinstimmungen mit dem Vier-Seiten-Modell von Friedemann Schulz von Thun

Abschließend soll das Vier-Seiten-Modell des 1944 geborenen Kommunikationspsychologen Friedemann Schulz von Thun der GfK gegenüber gestellt werden. Dieses Modell zur Veranschaulichung zwischenmenschlicher Kommunikation ist Bestandteil seines erstmals 1981 erschienenen, inzwischen dreibändigen Werkes *Miteinader reden*. Schulz von Thun, Hochschullehrer an der Universität Hamburg, nimmt eine völlig andere Perspektive, im Vergleich zu den zuvor behandelten Modellen, auf die Kommunikation ein. Statt in erster Linie Lebenshilfe und Beratung zu bieten, untersucht er das Erlebte und beobachtet, wie Kommunikation im Alltag abläuft. Sein Modell zwischenmenschlicher Kommunikation ist allmählich aus der Begegnung von Wissenschaft und Praxis entstanden. Es modifiziert unter anderem Ansätze von

---

[253] Bandler und Grinder verzichteten bewusst auf ein verbindliches Welt- oder Menschenbild innerhalb des NLP. Virginia Satir und andere Autoren aber sahen in der Tilgung des geistig-ethischen Hintergrundes der modellierten Konzepte auch die Gefahr des manipulativen Missbrauchs, wenn das Werkzeug NLP von inkompetenten Menschen genutzt würde. Vgl. Walker, Wolfgang: Abenteuer Kommunikation. S. 110f.

[254] Vgl. Ritschl, K.: Der Geist des NLP. S. 59.

Carl Rogers, Ruth Cohn, Fritz Perls, Paul Watzlawick und Karl Bühler.[255] In der graphischen Darstellung des Modells kombinierte Schulz von Thun diese Sichtweisen zu einem quadratischen Abbild einer Nachricht:

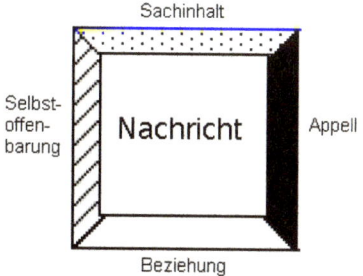

Abb. 7 Vier-Seiten-Modell nach Schulz von Thun.[256]

Dieses Modell veranschaulicht, dass jede gesendete Nachricht zugleich vier verschiedene Seiten und damit auch vier verschiedene Botschaften enthält, auf die der Empfänger gleichzeitig reagieren muss.[257] Im Einzelnen betitelt Schulz von Thun die unterschiedlichen „Problemgruppen"[258] als Sachinhalt, Beziehung, Selbstoffenbarung und Appell. Bereits dieser vierteilige Aufbau des Modells erinnert stark an Rosenbergs Vier-Komponenten-Modell. Anhand einer inhaltlichen Gegenüberstellung werden die erheblichen Übereinstimmungen mit der GfK ersichtlich:

Mit dem Sachinhalt werden zunächst die nötigen sachlichen Informationen einer Nachricht überliefert.[259] Er entspricht der ersten Komponente einer Äußerung in GfK, der bewertungsfreien Beobachtung.

Durch die Selbstoffenbarungsseite einer Nachricht gibt der Sender immer auch etwas von sich selbst preis, entweder als bewusste Selbstdarstellung oder als unfreiwillige Selbstenthüllung.[260] Diese Seite kann mit der zweiten Komponente

---

[255] Vgl. Schulz von Thun, Friedemann: Miteinander reden 1. Störungen und Klärungen. Allgemeine Psychologie der Kommunikation. Reinbek bei Hamburg: Rowohlt Taschenbuch Verlag Sonderausgabe 2001 (1. Aufl. 1981). S. 13.
[256] Eigene Anfertigung mit dem Modell in Schulz von Thun, F.: Miteinander reden 1. S. 14 als Vorlage.
[257] Vgl. Schulz von Thun, F.: Miteinander reden 1. S. 15.
[258] Ebd. S. 13.
[259] Vgl. ebd. S. 26.
[260] Vgl. ebd. S. 26f.

der GfK, dem Ausdrücken eigener Gefühle verglichen werden. Diese werden dem Gegenüber ebenfalls entweder absichtlich oder unkontrolliert mitgeteilt.

Der Beziehungsaspekt verweist auf das Verhältnis zwischen Sender und Empfänger der Nachricht. So kann beispielsweise durch die gewählte Formulierung, durch einen bestimmten Tonfall oder durch ein nonverbales Signal ausgedrückt werden, wie der Sender zu dem Empfänger steht.[261] Im Fall der GfK weisen die eigenen, den Gefühlen zugrunde liegenden Bedürfnisse analog dazu auf die Qualität der Beziehung zwischen den Gesprächspartnern hin. An dieser Stelle wird ausgedrückt, welche Bedürfnisse erfüllt oder unerfüllt sind, was sich auch auf die momentane Beziehung zwischen Sender und Empfänger auswirkt.

Die vierte Seite des Quadrats spiegelt wider, dass der Sender durch seine Nachricht immer etwas bewirken will. Der Appell übermittelt dem Empfänger, wozu der Sender ihn veranlassen möchte.[262] „Dieser Versuch, Einfluß [sic] zu nehmen, kann mehr oder minder offen oder versteckt sein – im letzteren Falle sprechen wir von Manipulation."[263] Parallel dazu wird in der GfK im letzten Schritt eine Bitte ausgesprochen. Im Gegensatz zu der von Schulz von Thun angemerkten Möglichkeit der Manipulation wird darauf aber in der GfK nicht hingewiesen. Rosenberg zufolge soll das Erfüllen einer Bitte stets auf Freiwilligkeit beruhen, zumal in der GfK von einem vertrauensvollen Verhältnis zwischen den Gesprächspartnern ausgegangen wird.[264]

Zwar beziehen sich die von Schulz von Thun herausgearbeiteten Seiten immer auf eine Nachricht gleichzeitig, während die vier Komponenten der GfK hintereinander gesetzt eine komplette Äußerung ergeben. Doch gerade durch die inhaltliche und systematische Ähnlichkeit lässt sich ein deutlicher Zusammenhang zwischen den beiden Modellen nachweisen. Schulz von Thun führt dazu weiter aus: „Daß [sic] jede Nachricht ein ganzes Paket mit vielen Botschaften ist, macht den Vorgang der zwischenmenschlichen Kommunikation so kompliziert und störanfällig, aber auch so aufregend und spannend."[265]

---

[261] Vgl. ebd. S. 27.
[262] Vgl. ebd. S. 29.
[263] Ebd.
[264] Das Thema der Manipulation innerhalb der GfK wird später in Kapitel 4.3 behandelt werden.
[265] Schulz von Thun, F.: Miteinander reden 1. S. 26.

Rosenberg hingegen bringt mögliche Komplikationen oder gar ein Scheitern der Kommunikation nicht zur Sprache. Zwar berichtet er in seinen Büchern häufig aus der Zeit, als er selbst noch nicht die GfK beherrschte und stattdessen in Wolfssprache kommunizierte. Doch mit dem Erlernen der GfK scheint für ihn selbst und für die anderen Nutzer der Giraffensprache keine störanfällige Kommunikation mehr zu existieren. Gerade aber das alltägliche Sprechen in GfK mit GfK-unerfahrenen Menschen wird wahrscheinlich nicht ohne Komplikationen ablaufen. Rosenberg jedoch bewirbt lediglich das erfolgreiche Funktionieren der GfK, ohne ein mögliches Scheitern oder auftretende Störungen anzusprechen. Diese Haltung birgt allerdings die Gefahr, sich vor der Realität zu verschließen. Möglicherweise verschweigt Rosenberg seiner Leserschaft jedoch bewusst diese negativen, aber realistischen Gesichtspunkte von Kommunikation, um die GfK als besonders Erfolg versprechend dastehen zu lassen.

Auch das Prinzip des empathischen Aufnehmens, der zweite Teil der GfK, ist in Schulz von Thuns Modell wieder zu erkennen. So wie in der der GfK das Gesagte ebenfalls anhand des Vier-Komponenten-Modells gehört wird, spricht Schulz von Thun vom „vierohrigen Empfänger"[266]. Denn wo Rosenberg angibt: „Egal was jemand sagt, wir hören nur darauf, was er a) beobachtet, b) fühlt, c) braucht und d) erbittet"[267], hört auch der vierohrige Empfänger den Sachinhalt, die Selbstoffenbarung, die Beziehungsinformation und den Appell in der Nachricht des Senders.

Schulz von Thun merkt dazu allerdings an, dass der Empfänger häufig ‚auf einem Ohr besonders gut hört und die Informationen, die er daraus zieht, überbewertet. Dies wirkt sich folglich auf den gesamten Gesprächsverlauf aus, sodass sich aus dem ‚einseitigen Hören' Kommunikationsstörungen und Überreaktionen ergeben können.[268] Auch in diesem Punkt vertritt Schulz von Thun eine sehr viel realistischere und auch ehrlichere Sichtweise als Rosenberg, indem er auf mögliche Kommunikationsstörungen hinweist.

Eine weitere Parallele zur GfK liegt im so genannten aktiven Zuhören. Darunter versteht Schulz von Thun das „Bemühen, sich in die Gefühls- und Gedanken-

---

[266] Ebd. S. 45.
[267] Rosenberg, M.: Gewaltfreie Kommunikation. S. 105.
[268] Vgl. Schulz von Thun, F.: Miteinander reden 1. S. 44.

welt des Senders nicht-wertend einzufühlen."[269] Das aktive Zuhören erfordert anschließend die Rückmeldung an den Sender. Wie jede Nachricht verfügt auch diese über vier Seiten.[270] Der Empfänger konzentriert sich hierbei insbesondere auf die Selbstoffenbarungsaspekte der Nachricht,[271] die zuvor mit dem Ausdrücken von Gefühlen in der GfK in Verbindung gebracht wurden. Der Aspekt des aktiven Zuhörens taucht in der GfK in Form des empathischen Aufnehmens und des anschließenden Paraphrasierens auf.

An dieser Stelle macht Schulz von Thun darauf aufmerksam, dass aktives Zuhören zum Teil jedoch Kommunikationsstörungen auslösen kann. Diese Gefahr besteht, wenn das Verfahren lediglich als mechanische Technik angewandt oder zwanghaft in Situationen durchgeführt wird, in denen es weder mit der eigenen Verfassung noch mit den Anliegen des Gegenübers kompatibel ist.[272] Diesen kritischen Aspekt führt Rosenberg bezüglich seiner Methode nicht an.

Erstes Zwischenfazit

Die vorangegangen Analysen haben demonstriert, dass die GfK große Übereinstimmungen zu den Kommunikationsmodellen von Rogers, Satir und Schulz von Thun sowie dem NLP aufweist. Zwar kann Rosenberg keine bewusste Übernahme der Elemente nachgewiesen werden, doch wurde er mit sehr hoher Wahrscheinlichkeit durch diese beeinflusst. Da er jedoch selbst einige, wenn auch ungenaue, Beeinflussungen nennt, scheint er demnach die wirklich massiven Einflüsse bewusst zurückgehalten zu haben. Sollte sich diese Vermutung bewahrheiten, so hätte er sich selbst dem für die GfK bedeutenden Grundsatz der Ehrlichkeit widersetzt. Eine Möglichkeit hätte jedoch darin bestanden, die Zusammensetzung der GfK auf das Verfahren des „Modelling" zurückführen können, so wie auch das NLP aus bereits erfolgreichen Methoden zusammengefügt wurde.

Welche Ergebnisse lassen sich bis hierher bezüglich der Alltagstauglichkeit von GfK festhalten? Zunächst wurden enorme Übereinstimmungen mit Carl Rogers' Werk festgestellt. Doch da sich dessen Annahmen und erfolgreiche Vorgehensweisen lediglich auf den Rahmen der Psychotherapie beziehen, lässt die

---

[269] Ebd. S. 57.
[270] Vgl. ebd. S. 80.
[271] Vgl. ebd. S. 58.
[272] Vgl. ebd.

Ähnlichkeit zur GfK noch keinen Schluss über deren Funktionieren im Alltag zu. Darüber hinaus gibt es vielfache Parallelen zu Virginia Satirs Wirken. Doch im Vergleich zu deren systemischer und dynamischer Sichtweise präsentiert sich die GfK lediglich mit einem beschränkten und statischen Konzept. Dies lässt sich allerdings nur schwer mit dem Anspruch an ein alltagstaugliches Kommunikationsmodell vereinbaren. Weiterhin macht die Methode des NLP, neben den Analogien zur GfK, darauf aufmerksam, dass GfK die wichtigste Komponente von Kommunikation, die Körpersprache, vollkommen vernachlässigt. Um sich als alltagstaugliche Kommunikationsform behaupten zu können wäre es allerdings dringend notwendig, auch auf nonverbale Aspekte einzugehen. Abschließend weist das Vier-Seiten-Modell nach Friedemann Schulz von Thun diverse konzeptionelle Übereinstimmungen mit der GfK auf. Doch im Gegensatz zu Rosenberg betont Schulz von Thun, dass Störungen und Scheitern immer auch ein Teil von Kommunikation sind. Damit verfügt er über eine sehr viel realistischere und ehrlichere Betrachtungsweise als Rosenberg.

Folglich weist die GfK bis hierher, abgesehen von den Anlehnungen an erfolgreiche Kommunikationsmodelle, erhebliche Defizite auf und kann daher nicht als alltagstauglich bezeichnet werden.

Gefahren der Gewaltfreien Kommunikation

Die vorhergehenden Untersuchungen brachten die Feststellung hervor, dass GfK diverse Kriterien, die für eine alltagstaugliche Kommunikationsform essenziell sind, nicht erfüllen kann. Sollte Rosenberg die zuvor bemängelten Kritikpunkte in Zukunft bei einer potenziellen Weiterentwicklung der GfK berücksichtigen – ließe sich GfK dann als alltagstauglich bezeichnen?

Im Folgenden schließt sich an die eher theoretische Analyse von Einflüssen auf die GfK ein überwiegend praxisorientiertes Kapitel an. Der Schwerpunkt dieser Untersuchung liegt auf der alltäglichen Anwendung von GfK. Dabei soll hinterfragt werden, ob GfK, zusätzlich zu den ihr vorzuwerfenden Schwachstellen, sogar Gefahren birgt. Im Folgenden soll die GfK mittels der Dissonanztheorie auf Gefahren überprüft werden. Daher erfolgt zunächst ein kurzer Überblick über die Grundannahmen und Inhalte dieser Theorie.

Die Dissonanztheorie nach Festinger

Die Theorie der kognitiven Dissonanz wurde 1957 von Leon Festinger im Rahmen der Sozialpsychologie entwickelt. Der Theorie liegt die Annahme zugrunde, dass Menschen nach innerer Harmonie und Konsistenz streben. Um dies zu erreichen, legen sie häufig Verhaltensweisen oder Meinungen an den Tag, die zunächst unlogisch oder irrational erscheinen. Anhand der Dissonanztheorie lässt sich jedoch nachvollziehen, dass dieses Verhalten der Aufrechterhaltung von Ausgewogenheit und Konsonanz dient.[273]

Festinger nimmt an, dass jeder Mensch über bestimmte Kognitionen verfügt; dazu zählen Werte, Meinungen, Attitüden, Überzeugungen, Faktenwissen etc.[274] „Diese Kognitionen können entweder zueinander in Beziehung stehen (relevante Beziehung) oder zusammenhanglos nebeneinander stehen (irrelevante Beziehung). Nur relevante Beziehungen zwischen Kognitionen können konsonant oder dissonant sein."[275] Daraus ergibt sich folgendes Schaubild:

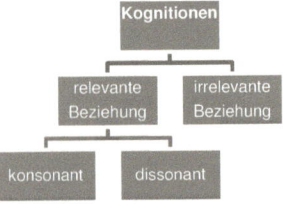

Abb. 8 Klassifizierung von Kognitionen nach Festinger.[276]

Eine kognitive Dissonanz besteht demnach, wenn zwei Kognitionen als nicht miteinander vereinbar erscheinen. Die Stärke dieser Dissonanz ergibt sich aus dem Verhältnis zwischen dissonanten und konsonanten Kognitionen: „Je größer der Anteil dissonanter im Vergleich zu konsonanten Kognitionen ist, desto höher ist die Dissonanz."[277] Abhängig von dieser Höhe ist wiederum die Stärke des Drucks zur Verringerung der Dissonanz, der aus dem Streben nach

---

[273] Vgl. Lindgren, Henry Clay: Einführung in die Sozialpsychologie. 2. Aufl. Weinheim; Basel: Beltz 1974. S. 162.

[274] Vgl. Frey, Dieter: Informationssuche und Informationsbewertung bei Entscheidungen. Bern; Stuttgart; Wien: Huber 1981. S. 17.

[275] Ebd.

[276] Eigene Anfertigung in Anlehnung an die Ausführungen in Frey, D.: Informationssuche. S. 17.

[277] Frey, D.: Informationssuche. S. 18.

Harmonie resultiert.[278] Zur nachfolgenden Dissonanzreduktion stehen drei Strategien zur Verfügung: die Addition neuer konsonanter Kognitionen, die Subtraktion dissonanter Kognitionen und die Substitution von Kognitionen.[279] Immer aber liegt das Ziel in der Reduktion der dissonanten gegenüber den konsonanten Kognitionen. Welche dabei verändert werden, bestimmt der Änderungswiderstand der jeweiligen Kognitionen.[280]

Eine erfolgreiche Dissonanzreduktion zeichnet sich durch Einfachheit und Effizienz aus. Dies ist der Fall, wenn durch einen geringen kognitiven Aufwand und geringe kognitive Änderungen eine vollständige bzw. größtmögliche Dissonanzreduktion erreicht wurde. Diese soll zudem stabil und zukünftig möglichst wenig angreifbar sein.[281]

Übertragung der Dissonanztheorie auf die Gewaltfreie Kommunikation

Welche Verbindung besteht nun zwischen der Dissonanztheorie und der GfK? Eine grundlegende Gemeinsamkeit besteht in dem Ziel beider Modelle: Sie dienen beide dem Zweck, Harmonie herzustellen. In der Dissonanztheorie handelt es sich dabei um innere Konsonanz, bei der GfK um einen herzlichen, intensiven Kontakt zu sich selbst und zu anderen. Die Voraussetzungen dazu sind sich ebenfalls ähnlich: Während auf der einen Seite kognitive Dissonanzen beseitigt werden sollen, bestehen auf der anderen Seite zunächst Konflikte oder zumindest eine unerfüllte Beziehung zu anderen oder zu sich selbst. Nach der Dissonanztheorie existieren nun drei Strategien zur Dissonanzbewältigung. In der GfK dagegen gibt es augenscheinlich nur eine Vorgehensweise, nämlich das Anwenden der vier Schritte. Ob auch hier eine Verbindung besteht, soll im Folgenden untersucht werden.

Sicherlich lässt sich die Übertragung der kognitiven Dissonanz auf die GfK an diversen Stellen ansetzen. Im Folgenden liegt die Konzentration jedoch auf den Strategien, die die Menschen zur Dissonanzreduktion verwenden. Sie sollen in Zusammenhang gebracht werden mit den vier Schritten der GfK. Zu diesem Thema ist hervorzuheben, dass jeder Mensch immer wieder in kognitive Dissonanzen gerät. Sie stellen somit nichts Schädliches, Anormales dar, sondern

---

[278] Vgl. Lindgren, H. C.: Sozialpsychologie. S. 163.
[279] Vgl. Frey, D.: Informationssuche. S. 18.
[280] Vgl. ebd. S. 19.
[281] Vgl. ebd. S. 20.

treten auf, sobald bestimmte Wahrnehmungen miteinander kollidieren, sodass die innere Harmonie gestört wird. Diese Situation kann z.B. durch Nachrichten ausgelöst werden, die den eigenen Lebensstil kritisieren und Überzeugungen in Frage stellen, während Nachrichten, die die eigene Handlungsweise rechtfertigen und bestätigen, für innere Ausgewogenheit sorgen.[282] Der Mensch lässt dieses innere Unwohlsein in den wenigsten Fällen einfach bestehen, sondern versucht die Dissonanz zu bewältigen. Solche kognitiven, inneren Vorgänge laufen dabei meist unbewusst ab. Nun sollen die zuvor bereits erwähnten Bewältigungsstrategien zunächst einmal näher betrachtet werden.

Strategien zur Dissonanzreduktion

Es besteht einerseits die Möglichkeit, weitere konsonante Kognitionen zu addieren, um den Anteil der dissonanten Kognitionen zu verringern. Es ist aber auch denkbar, eine neue Kognition hinzuzufügen, die zwei dissonante Kognitionen verbindet, um dadurch den bestehenden Druck zu vermindern. Beide Varianten können entweder durch aktive Suche konsonanter Kognitionen und paralleles, aktives Vermeiden dissonanter Kognitionen oder durch die Nutzung bereits im Gedächtnis gespeicherter konsonanter Kognitionen erfolgen.[283] Diese Vorgehensweisen werden im Folgenden als ‚Strategie 1' bezeichnet.

Andererseits kann der Anteil der dissonanten Kognitionen reduziert werden, indem eine oder mehrere ignoriert, vergessen oder verdrängt werden.[284] „Falls Änderungen schwierig oder nicht möglich sind, kann auch die Wahrnehmung der Stimulussituation verändert werden."[285] Dieses Prinzip der Subtraktion soll als ‚Strategie 2' betitelt werden.

Zudem ist eine Kombination der beiden Strategien möglich, bei der dissonante durch konsonante Kognitionen ersetzt werden.[286] Sie wird nun ‚Strategie 3' genannt.

Jeder Mensch bedient sich jeder der Strategien; allerdings sollten sie, auch wenn diese Prozesse meist unbewusst ablaufen, in einem ausgewogenen Verhältnis

---

[282] Vgl. Schulz von Thun, F.: Miteinander reden 1. S. 219f.
[283] Vgl. Frey, D.: Informationssuche. S. 18.
[284] Vgl. ebd. S. 19.
[285] Ebd.
[286] Vgl. ebd.

genutzt werden. Denn kann es für die menschliche Psyche gesund sein, immer nur nach neuen Informationen zu suchen, die die alten, von der Dissonanz ‚angegriffenen' Überzeugungen untermauern? Ist es nicht aber auch schädlich, dissonante Kognitionen schlichtweg zu ignorieren, um eine Veränderung der eigenen Auffassungen konsequent zu vermeiden oder ständig die Realität zu seinen Gunsten umzudeuten? Am förderlichsten scheint daher Strategie 3 zu sein, bei der eine Auseinandersetzung mit der inneren Unausgewogenheit nötig ist. Auf diese Weise können konsonante Kognitionen den Platz der dissonanten einnehmen, sodass Veränderungen stattfinden können.

Innerhalb der Theorie der kognitiven Dissonanz sind jedoch alle drei Strategien gleichwertig, da durch jede eine Dissonanzreduktion erreicht werden kann. Eine Bewertung der einzelnen Strategien ist lediglich bei Praxisbezug, und damit hinsichtlich der Alltagstauglichkeit, notwendig.

Die Strategien in Bezug auf Rosenbergs Vier-Komponenten-Modell

Welche Möglichkeiten im Umgang mit einer kognitiven Dissonanz hat nun jemand, der die GfK in seinen Alltag integriert hat? Dazu ist zunächst die Vergegenwärtigung der vier Komponenten wichtig:

1. Beobachtung
2. Gefühle
3. Bedürfnis
4. Bitte

Wie im Vergleich mit dem Werk Virginia Satirs diagnostiziert wurde, handelt es sich bei dem Vier-Komponenten-Modell um eine lineare, monokausale Verkettung. Die Beobachtung ist ausschlaggebend für das weitere Handeln: „Wenn **a**, dann fühle ich mich **b**, weil ich **c** brauche. Deshalb möchte ich jetzt gerne **d**."[287] Die Faktoren x, y und z hingegen nehmen scheinbar keinen Einfluss auf das Geschehen.

---

[287] Rosenberg, M.: Gewaltfreie Kommunikation. S. 166.

Der erste Schritt der GfK, die Beobachtung, bezieht sich allerdings immer auf eine konkrete Handlung. Hintergrundinformationen oder der situative Kontext werden dabei ausgeblendet, sodass die Situation isoliert wahrgenommen wird. Die Vorstellung, jemand erfährt eine kognitive Dissonanz, kann in diesem Zusammenhang unerwünschte Konsequenzen hervorrufen. Ein konkretes, wenn auch drastisches, Beispiel soll zur Erläuterung dienen:

Eine Frau muss feststellen, dass ihr Ehemann seit einiger Zeit erst spät abends von der Arbeit nach Hause kommt. Sie vermutet, dass eine Geliebte den Grund dafür darstellen könnte. Doch da sie – nach der GfK – nur beobachten kann, was sie auch sieht, klingt ihre ‚Konfrontation' mit ihrem Mann eines Abends so: „Du bist in den vergangen fünf Wochen jeden Abend erst nach 22 Uhr von der Arbeit nach Hause gekommen." Ihre Vermutungen und Ahnungen aber bleiben unausgesprochen. Doch es bildet sich eine Dissonanz zwischen der bestehenden Kognition „Mein Mann ist immer treu und ehrlich" und den neu aufkommenden Zweifeln an dieser Überzeugung. Nach dem Prinzip der GfK werden diese Ahnungen allerdings direkt verdrängt oder ignoriert, da sie nicht als Beobachtung wahrzunehmen sind. Dieses Vorgehen entspricht der ‚Strategie 2' zur Dissonanzreduktion. Folglich werden jeweils zu Beginn einer Interaktion sämtliche Informationen, die in Widerspruch stehen mit der Beobachtung und somit Dissonanz auslösen könnten, direkt abgewehrt. Unter dem Deckmantel der GfK werden Situationen aus ihrem realen Kontext herausgelöst und umgedeutet.

Die Auswirkungen auf das Beispiel sind beträchtlich: Statt nun aus den Vermutungen resultierende Gefühle wie Wut oder Zorn zu äußern, bezieht sich die Frau ausschließlich auf die Beobachtung. Ihre wahren Gefühle werden dabei zurückgehalten; stattdessen gibt sie an, traurig zu sein. Als dahinter stehende Bedürfnisse nennt sie Nähe und Zuwendung, obwohl sie viel mehr ein Bedürfnis nach Aufklärung, Wahrheit und Ehrlichkeit hat. Ihre abschließende Bitte lautet nun: „Könntest du in Zukunft bitte um 19 Uhr nach Hause kommen?" Diese Bitte darf ihr Mann durchaus abschlagen, da die Umsetzung – nach Rosenberg - freiwillig geschehen soll und es sich nicht um eine Forderung handelt. Diese Tatsache wiederum treibt nicht nur die Frau in ein Abhängigkeitsverhältnis. Denn jeder, der die Giraffensprache spricht, befindet sich in einer reaktiven Position: Das eigene Handeln ist nur eingeschränkt möglich; stattdessen ist die Entwicklung einer Interaktion immer abhängig davon, ob der andere die Bitte des Sprechers erfüllt oder nicht.

Dieses überzogene Beispiel zeigt deutlich, wie viel Macht der erste Schritt der GfK besitzt. Die Beobachtung bestimmt demnach nachhaltig den Verlauf der weiteren Kommunikation. Es entsteht eine Verkettung von Abhängigkeiten, die ungewollte Konsequenzen nach sich ziehen kann. Außenstehenden erscheint das Verhalten der Frau irrational; doch für die Frau selbst ist die innere Konsonanz wieder hergestellt – allerdings basierend auf realitätsfernen Voraussetzungen. Die kognitive Dissonanz kann deshalb sogar verstärkt werden.

Die Gefahren, die im Zusammenhang mit Dissonanzen von der GfK ausgehen, sind offensichtlich. Die GfK nimmt es ihren Anhängern ab, Verantwortung für die Bewältigung der Dissonanz zu übernehmen. Indem sie vorschreibt, wie Situationen wahrzunehmen sind, werden potenzielle Dissonanz erzeugende Informationen, sobald sie über die Beobachtung hinausgehen, stets ignoriert. Da die Beobachtung am Beginn einer jeden Interaktion steht, führt dies zu einem ständigen Gebrauch der ‚Strategie 2'. Statt sich mit den wirklichen Problemen auseinanderzusetzen, wird durch den eingeschränkten Blick auf die Welt diese umgedeutet und eine Scheinharmonie geschaffen. Durch diesen recht geringen kognitiven Aufwand wird die Dissonanz jedoch nicht nachhaltig beseitigt, sodass eine umso stärkere Dissonanz die Folge sein kann.

Diese Gefahr besteht für die meisten Menschen, die GfK ‚erlernt' haben. Denn einem Ausspruch Rosenbergs zufolge sollen sich die Menschen zunächst die Methode der GfK z.B. in Workshops aneignen; mit der Zeit werden sie dann auch die ‚Haltung GfK' mit ihren Annahmen und Überzeugungen verinnerlichen.[288] Ein Mensch, der die Schritte der GfK zunächst nur auswendig gelernt hat, anstatt durch die der GfK zugrunde liegenden Prinzipien sich mit ihr befasst zu haben, wird daher immer wieder in einen Zwiespalt geraten. Dieser besteht zwischen den alten Verhaltensmustern der Wolfssprache und der GfK-gemäßen Vorgehensweise. Allein dieser innere Konflikt kann immer wiederkehrende kognitive Dissonanzen auslösen.

Die Folge dessen ist ein nach außen hin konsonant erscheinendes Fremdbild, hinter dem sich innere Disharmonie verbirgt. So wird die Frau in dem Beispiel stets eine Scheinharmonie aufrechterhalten, während ihr innerer Seelenfrieden gestört bleibt. Dieser durch Verdrängung und Unterdrückung entstandene Zustand innerer Zerrissenheit kann selbstverständlich nicht als gesund bezeichnet werden. Ebenso wenig trifft dieses auf die Methode der GfK zu, die

---

[288] Vgl. Rosenberg, M.: Konflikte lösen durch Gewaltfreie Kommunikation. S. 48.

zu diesem Zustand beiträgt. Es ist fraglich, ob ein Kommunikationsmodell, das trotz korrekter Umsetzung solcherlei Gefahren birgt, für den Alltag geeignet ist.

Gewaltfreie Kommunikation und Manipulation

Neben den Gefahren, die durch eine kognitive Dissonanz hervorgerufen werden können, sollen abschließend Denkanstöße bezüglich der Verbindung von GfK und Manipulation geliefert werden. Im Folgenden soll dabei zwischen Manipulation gegenüber sich selbst und gegenüber anderen unterschieden werden.

Ersteres liegt vor, wenn die eigene Wahrnehmung beispielsweise durch Verzerrung oder eine einseitige Auswahl an Informationen in eine bestimmte Richtung gelenkt wird. Diese Gefahr liegt ebenfalls in der ersten Komponente der GfK, in der Beobachtung. So lässt sich die eigene Wahrnehmung manipulieren, indem der Aspekt der Beobachtung konsequent eingehalten wird. Statt eine Situation in ihrem realen, evtl. negativen Kontext zu sehen, kann sie durch die reine Beobachtung verändert, und damit verschönt, wahrgenommen werden. Zudem kann die GfK genutzt werden, um sich bewusst oder unbewusst der Realität zu entziehen. Grundlage dafür ist die Annahme, dass es keine schlechten Menschen gibt, sondern dass jedem destruktiven Verhalten ein positives Bedürfnis zugrunde liegt. Aus dieser zunächst optimistischen Haltung kann sich schnell eine Verklärung sämtlicher Geschehnisse und Verhaltensweisen entwickeln. Folglich wird die Welt nicht mehr weitgehend real wahrgenommen, sondern ‚schöngeredet'.

Von Manipulation gegenüber anderen kann gesprochen werden, „wenn jemand versucht, seinen Kommunikationspartner zu Handlungen, Meinungen oder Haltungen zu veranlassen, und ihn gleichzeitig daran hindert, sich mit den Dingen rational auseinanderzusetzen."[289] GfK kann, wie jedes Kommunikationsmodell, als Werkzeug verstanden werden. Hier besteht die Gefahr es nicht nur zu *ge*brauchen, sondern es zu *miss*brauchen. Gerade durch den linearen Aufbau einer Äußerung ist es möglich, gezielt manipulativ vorzugehen. So kann der andere durch moralische Erpressung, getarnt als authentischer Ausdruck von Gefühlen, zu bestimmten Reaktionen gebracht werden.

---

[289] Vollmer, Günter, Gerrit Hoberg: Kommunikation. Sich besser verständigen – sich besser verstehen. Stuttgart; Dresden: Klett-Verlag für Wissen und Bildung 1994 (= Management Praxis). S. 138.

Eng mit der Manipulation verknüpft ist der Aspekt der Suggestion. Diese Gefahr lauert vor allem in der Kindererziehung mittels GfK. Gerade Kleinkinder sind noch nicht fähig, ihre Gefühle und Bedürfnisse konkret zu artikulieren. Sie sind aber durchaus in der Lage, diese Empfindungen auszudrücken, sei es durch Schreien, Trampeln oder Verletzen anderer. Versuchen sich Erwachsene nun in das Kind einzufühlen, legen sie dem Kind – nach dem Prinzip des empathischen Aufnehmens – Gefühlswörter ‚in den Mund'. Schnell stimmt das Kind der elterlichen Frage, ob es z.B. gerade traurig sei, zu. Das Verhalten des Kindes scheint dadurch eine Erklärung gefunden zu haben. Die Gefahr dieser suggestiven Art, Kindern Emotionen verständlich zu machen, besteht allerdings in der Pauschalisierung dieser Gefühle. Das Kind internalisiert die Verbindung zwischen Traurigsein und einem bestimmten Verhalten. Schreien und Treten wird damit zu einem legitimen Ausdruck von Gefühlen.

Zweites Zwischenfazit

Die vorhergehenden Überlegungen haben demonstriert, welche Gefahren die GfK birgt. Sicherlich können noch weitere Gefährdungen festgestellt werden, die von der GfK ausgehen. An dieser Stelle wurde zunächst einmal darauf aufmerksam gemacht, dass der Umgang mit der GfK nicht ungefährlich ist. Wahrnehmungsstörungen, Unterdrückung von Gefühlen, innere Unzufriedenheit bei nach außen projizierter Scheinharmonie, Realitätsflucht, moralische Erpressung und Suggestion sind einige der Folgen, die in Verbindung mit kognitiven Dissonanzen oder Manipulation drohen können. Zwar liegt der Hauptakzent dieser Annahmen auf ‚können'. Wenn ein Kommunikationsmodell jedoch eine solche Vielzahl an psychischen Schädigungen bestärken oder gar auslösen kann, ist es schwierig GfK als alltagstauglich zu bezeichnen.

Schlussbetrachtung

Wie lässt sich schließlich über die Alltagstauglichkeit von GfK urteilen? Die vorhergehenden Vergleiche, Überlegungen und Untersuchungen haben demonstriert, dass GfK zum jetzigen Zeitpunkt nicht als alltagstauglich bezeichnet werden kann. Sie beinhaltet nicht nur diverse Kritikpunkte, die die Ansprüche an eine alltagstaugliche Kommunikationsform nicht erfüllen. Die GfK birgt zudem sogar Gefahren, die in diesem Ausmaß nicht im Alltag auftreten sollten.

Es muss jedoch eingeräumt werden, dass GfK in speziellen Situationen, wie beispielsweise im Rahmen einer Therapie oder von Friedensverhandlungen, wahrscheinlich dennoch große Erfolge erzielen kann. Ihre Schwachstellen dagegen beziehen sich größtenteils auf die Anwendung im Alltag, sodass in diesem Bereich eindeutig Verbesserungsbedarf besteht. Rosenberg hat bisher ein stagnierendes, idealistisches Modell entwickelt. Die folgende Kritik, die in dem zitierten Kontext Carl Rogers' Modell gilt, kann genauso an Rosenbergs GfK geübt werden:

> Es wird für zu naiv und gleichzeitig für zu anspruchsvoll gehalten, es ist irgendwie zu wenig und verlangt gleichzeitig zu viel, es erscheint der akademischen Welt als ein sehr schlichtes theoretisches Konzept und ist zugleich doch höchst schwierig zu praktizieren.[290]

Unter der Bedingung, dass GfK an die Kriterien einer alltagstauglichen Kommunikationsform angepasst wird, kann sie jedoch als mögliche Keimzelle eines erfolgreichen Kommunikationsmodells angesehen werden.

Im Rahmen dieser Arbeit war es lediglich möglich, auf diverse Problematiken hinsichtlich der Alltagstauglichkeit von GfK hinzuweisen. In weiterer Forschungsarbeit könnten die einzelnen Ansätze jedoch intensiver verfolgt werden. Darüber hinaus wäre eine Gegenüberstellung mit den Erkenntnissen des anerkannten Kommunikationswissenschaftlers Paul Watzlawick höchst interessant und auch für die Weiterentwicklung der GfK sehr förderlich. Bereits ein Vergleich mit den Axiomen „*Man kann nicht* nicht *kommunizieren* [sic]"[291] und „*Jede Kommunikation hat einen Inhalts- und einen Beziehungsaspekt* [sic] [...]"[292] verweist auf erhebliche Lücken in Rosenbergs Konzept. Des Weiteren existieren vielfältige Möglichkeiten, die GfK innerhalb bestimmter Themengebiete spezifischer zu untersuchen. Dazu zählen beispielsweise die Kindererziehung nach GfK, GfK in der Arbeitswelt oder das Funktionieren von GfK in Notlagen, der Umgang mit Wut und Ärger in der GfK etc. Das Themenspektrum der GfK ist somit noch längst nicht ausgeschöpft, sodass noch unzählige Perspektiven auf Rosenbergs Kommunikationsmodell eingenommen werden können.

---

[290] Groddeck, N.: Carl Rogers. S. 15.
[291] Watzlawick, Paul, Janet H. Beavin, Don D. Jackson: Menschliche Kommunikation. Formen, Störungen, Paradoxien. 9. unveränd. Aufl. Bern; Göttingen; Toronto; Seattle: Huber 1996. S. 53.
[292] Ebd. S. 56.

Für mich persönlich kann ich ebenfalls einen Nutzen und eine mögliche Bereicherung für die zwischenmenschliche Kommunikation in den Grundlagen der GfK sehen; allgemein schließe ich mich jedoch der Meinung der Kommunikationsautoren Günter Vollmer und Gerrit Hoberg an:

> Immer wird es Menschen geben, die uns liegen und andere, mit denen wir ‚nicht so gut können'. Man muß [sic] nicht (und kann nicht) mit allen Problempartnern offene Beziehungsgespräche führen. Solche Gespräche können verletzen, als peinlich empfunden werden, es kann ein Missverhältnis zwischen Nutzen und Aufwand bestehen usw."[293]

---

[293] Vollmer, G., G. Hoberg: Kommunikation. S. 153.

Literaturverzeichnis

Primärliteratur zur Gewaltfreien Kommunikation

Bernard, Gea: About giraffes and wolfs. 2002 (unveröffentlicht).

Hart, Sura, Victoria Kindle Hodson: Empathie im Klassenzimmer. Gewaltfreie Kommunikation im Unterricht. Ein Lehren und Lernen, das zwischenmenschliche Beziehungen in den Mittelpunkt stellt. Paderborn: Junfermann 2006.

Pásztor, Susann: Eine Sprache des Lebens. Ein Interview mit Marshall B. Rosenberg. Paderborn: Junfermann 2004 (= active-books).

Pásztor, Susann, Klaus-Dieter Gens: Ich höre was, das du nicht sagst. Gewaltfreie Kommu-nikation in Beziehungen. Paderborn: Junfermann 2004 (= gewaltfrei leben).

Rosenberg, Marshall B.: Die Sprache des Friedens sprechen – in einer konfliktreichen Welt. Was Sie als Nächstes sagen, wird Ihre Welt verändern. Paderborn: Junfermann 2006.

Rosenberg, Marshall B.: Erziehung, die das Leben bereichert. Gewaltfreie Kommunikation im Schulalltag. Paderborn: Junfermann 2004.

Rosenberg, Marshall B.: Gewaltfreie Kommunikation: Aufrichtig und einfühlsam miteinander sprechen. Neue Wege in der Mediation und im Umgang mit Konflikten. 4. Aufl. Paderborn: Junfermann 2003.

Rosenberg, Marshall B.: Kinder einfühlend unterrichten. Wie SchülerInnen und LehrerInnen durch gegenseitiges Verständnis Erfolg haben können. Paderborn: Junfermann 2005 (= Ge-waltfreie Kommunikation: Die Ideen & ihre Anwendung).

Rosenberg, Marshall B.: Konflikte lösen durch Gewaltfreie Kommunikation. Ein Gespräch mit Gabriele Seils. 5. Aufl. Freiburg: Herder 2005 (= Herder spektrum 5447).

Weitere Quellen

Barton, Anthony: Freud, Jung und Rogers. Drei Systeme der Psychotherapie. Stuttgart: Klett-Cotta 1979 (= Konzepte der Humanwissenschaften).

Blickhan, Daniela und Claus: Denken, Fühlen, Leben. Vom bewussten Wahrnehmen zum kreativen Handeln. München; Landsberg am Lech: mvg-Verlag 1989.

Bosch, Maria: Die entwicklungs-orientierte Familientherapie. In: Die entwicklungsorientierte Familientherapie nach Virginia Satir. Hrsg. von Maria Bosch, Wolfgang Ullrich. Paderborn: Junfermann 1989 (= Innovative Psychotherapie und Humanwissenschaften 46). S. 43-62.

Dodson, Laura S.: Der Prozess der Veränderung. In: Virginia Satir. Wege zum Wachstum. Ein Handbuch für therapeutische Arbeit mit Einzelnen, Paaren, Familien und Gruppen. Hrsg. von Gaby Moskau, Gerd F. Müller. 2. Aufl. Paderborn: Junfermann 1995. S. 13-38.

Frey, Dieter: Informationssuche und Informationsbewertung bei Entscheidungen. Bern; Stuttgart; Wien: Huber 1981.

Groddeck, Norbert: Carl Rogers. Wegbereiter der modernen Psychotherapie. Darmstadt: Wissenschaftliche Buchgesellschaft 2002.

Howe, Jürgen: Störungsspezifisches Handeln in der Gesprächspsychotherapie? In: Zur Zukunft der klientenzentrierten Psychotherapie. Hrsg. von Rainer Sachse, Jürgen Howe. Heidelberg: Asanger 1989. S. 9-20.

Kovel, Joel: Kritischer Leitfaden der Psychotherapie. 3. Aufl. Frankfurt am Main; New York: Campus Verlag 1984 (= Campus).

Lietaer, Germain: Die Authentizität des Therapeuten. In: Perspektiven rogerianischer Psychotherapie. Kritik und Würdigung zu ihrem 50jährigen Bestehen. Hrsg. von Reinhold Stipsits, Robert Hutterer. Wien: WUV-Universitätsverlag 1992. S. 92-116.

Lindgren, Henry Clay: Einführung in die Sozialpsychologie. 2. Aufl. Weinheim; Basel: Beltz 1974.

Moskau, Gaby, Gerd F. Müller (Hrsg.): Virginia Satir. Wege zum Wachstum. Ein Handbuch für therapeutische Arbeit mit Einzelnen, Paaren, Familien und Gruppen. 2. Aufl. Paderborn: Junfermann 1995.

Moskau, Gaby, Gerd F. Müller: Vorwort. In: Virginia Satir. Wege zum Wachstum. Ein Handbuch für therapeutische Arbeit mit Einzelnen, Paaren, Familien und Gruppen. Hrsg. von Gaby Moskau, Gerd F. Müller. 2. Aufl. Paderborn: Junfermann 1995. S. 7-11.

Müller, Gerd F., Gaby Moskau: Ein Portrait von Virginia Satir. In: Die entwicklungsorientierte Familientherapie nach Virginia Satir. Hrsg. von Maria Bosch, Wolfgang Ullrich. Paderborn: Junfermann 1989 (= Innovative Psychotherapie und Humanwissenschaften 46). S. 25-35.

Neville, Bernard: Rogers, Jung und die Postmoderne. In: Perspektiven rogerianischer Psychotherapie. Kritik und Würdigung zu ihrem 50jährigen Bestehen. Hrsg. von Reinhold Stipsits, Robert Hutterer. Wien: WUV-Universitätsverlag 1992. S. 172-198.

Ritschl, Karsten: Der Geist des NLP. Neurolinguistisches Programmieren zum Kennenlernen. Überarb. Neuaufl. Paderborn: Junfermann 2001.

Rogers, Carl R.: Die klientenzentrierte Gesprächspsychotherapie. Ungekürzte Ausgabe. Frankfurt am Main: Fischer Taschenbuch Verlag 1992 (= Geist und Psyche).

Rogers, Carl R.: Die nicht-direktive Beratung. Counseling and Psychotherapy. München: Kindler 1972.

Rogers, Carl R.: Einige neuere Konzepte der Psychotherapie. In: Perspektiven rogerianischer Psychotherapie. Kritik und Würdigung zu ihrem 50jährigen Bestehen. Hrsg. von Reinhold Stipsits, Robert Hutterer. Wien: WUV-Universitätsverlag 1992. S. 15-38.

Satir, Virginia, John Banmen, Jane Gerber, Maria Gomori: Das Satir-Modell. Familientherapie und ihre Erweiterung. Paderborn: Junfermann 1995.

Satir, Virginia, Paula Englander-Golden: Sei direkt. Der Weg zu freien Entscheidungen. Paderborn: Junfermann 1994.

Sawizki, Egon R.: NLP im Alltag. Einführung, Techniken, Übungen. 2. Aufl. Offenbach: GABAL 1996.

Schulz von Thun, Friedemann: Miteinander reden 1. Störungen und Klärungen. Allgemeine Psychologie der Kommunikation. Reinbek bei Hamburg: Rowohlt Taschenbuch Verlag Son-derausgabe 2001 (1. Aufl. 1981).

Ulsamer, Berthold, Claus Blickhan: NLP für Einsteiger. Neuro-linguistisches Programmieren leicht gemacht. Hrsg. von Hardy Wagner. 10. Aufl. Offenbach: GABAL 1998.

Vollmer, Günter, Gerrit Hoberg: Kommunikation. Sich besser verständigen – sich besser ver-stehen. Stuttgart; Dresden: Klett-Verlag für Wissen und Bildung 1994 (= Management Praxis).

Walker, Wolfgang: Abenteuer Kommunikation. Bateson, Perls, Satir, Erickson und die Anfänge des Neurolinguistischen Programmierens (NLP). 2. Aufl. Stuttgart: Klett-Cotta 1998 (= Konzepte der Humanwissenschaften).

Watzlawick, Paul, Janet H. Beavin, Don D. Jackson: Menschliche Kommunikation. Formen, Störungen, Paradoxien. 9. unveränd. Aufl. Bern; Göttingen; Toronto; Seattle: Huber 1996.

Juliane Strätz (2012):

Emotion und Sprache
Wie kann man mithilfe der Gewaltfreien Kommunikation dazu beitragen, dass Missverständnisse in der zwischenmenschlichen Kommunikation verhindert werden?

Einleitung

Unsere Gefühle beeinflussen unsere Sprache, genauso wie auch das gesprochene Wort unsere Emotionen beeinflussen kann. Die Art und Weise wie wir das Gesagte verarbeiten hängt eng mit unserem momentanen affektiven Zustand zusammen.[294] Dies ist uns im Alltag oft nicht bewusst. Dennoch gehört kommunikative Kompetenz zu einem wichtigen Mittel, um mit negativen und positiven Gefühlen umzugehen. Es ist sogar möglich, mit einer bewussten Sprache die Gefühle anderer Menschen so zu beeinflussen, dass Missverständnissen und Konflikten vorgebeugt wird.

Marshall B. Rosenberg hat mit seiner Gewaltfreien Kommunikation ein Konzept entwickelt, dass eben dazu beitragen soll, indem es zu einer bewussteren Sprache verhelfen soll, die gekennzeichnet ist von Äußerungen über unserer persönliches, momentanes Wohlbefinden sowie unsere Bedürfnisse. Dieses Konzept soll in allen Beziehungen des Lebens anwendbar sein: in Partnerschaften, mit Kindern und Jugendlichen, mit Arbeitskollegen, Vorgesetzten etc.

Diese Arbeit beschäftigt sich mit der Frage, wie man mithilfe der Gewaltfreien Kommunikation dazu beitragen kann, dass Missverständnisse und Konflikte vermieden werden und wie dieses Wissen im Rahmen einer Unterrichtseinheit in der Primarstufe vermittelt werden kann. Um dies herauszustellen möchte ich zunächst auf den Zusammenhang zwischen Emotionen und Sprache eingehen, was als Grundlage für die anschließende Betrachtung von Rosenbergs Modell dienen soll. Der zweite Teil der Arbeit soll sich der Anwendbarkeit der Gewaltfreien Kommunikation innerhalb der Schule widmen.

Begriffsbestimmungen

Im Folgenden werden eine Reihe von Begriffen verwendet werden, die ich zunächst für den Zusammenhang dieser Arbeit definieren möchte. Problematisch erweist sich dies vor allem, weil die Definitionen verschiedener Forscher auseinander gehen können. Die aufgegriffenen Begrifflichkeiten spiegeln diejenigen wider, die ich für diesen Zusammenhang am passendsten und angebrachtesten erachte.

---

[294] Rummer, R.; Engelkamp, J.: Sprache und Emotion. In Otto. Euler. Mandl: Emotionspsychologie. Ein Handbuch. 325.

Bei *Emotionen* handelt es sich um körperlich-seelische Reaktionen, „durch die ein Umweltereignis aufgenommen, verarbeitet, klassifiziert und interpretiert wird."[295] Dies geschieht zunächst vor allem unter physischen Aspekten. Ein Reiz wird aufgenommen und wirkt sich in der einen oder anderen Weise auf das vegetative Nervensystem sowie verschiedene Organsysteme aus.[296] Galiker fügt dem hinzu, dass der Begriff der Emotion somit umfassend für den inneren Aspekt des Erlebens steht. Dieser werde nicht unbedingt auch bewusst wahrgenommen. So kann durchaus eine emotionale Regung stattfinden, ohne dass wir diese kognitiv realisieren.

An dieser Stelle zeigt sich der Unterschied, so Galiker, zum *Gefühl*. Dieses beschreibt eine bewusste innerliche Regung. Die subjektive Wahrnehmbarkeit ist bedeutsam an dieser Stelle. Das Gefühl bezeichnet also nur einen Teilaspekt der tatsächlichen emotionalen Reaktion.[297]

Ein *Affekt* wiederum ist eine starke seelische Erregung. Dieser geht oft mir einer unmittelbaren Reaktion einher, die oft auch als unkontrollierbar empfunden werden kann.[298]

Bei der *Motivation* handelt es sich um eine umfassende Bezeichnung für die Beweggründe für das menschliche Handeln hinsichtlich Inhalt, Richtung und Intensität.[299] Somit stellt die Motivation eines Menschen immer die Antwort auf die Fragen nach dem „Warum" und „Wozu" dar.[300]

Galiker unterscheidet zudem Motivation deutlich von *Willen*. Bei diesem handele es sich um ein Streben, dass ausgehend von einer bewussten Entscheidung zu einer Handlung führe und diese wohlmöglich in Gang halte.[301] Während Motivation als umfassend gesehen werden kann, wird das Bedürfnis enger definiert. Dies stellt einen „körperlich in Erscheinung tretende[n] Mangel bezüglich eines Gutes, das zum Leben notwendig ist"[302], dar.

---

[295] Hülshoff, T.: Emotionen. S. 14.
[296] Ebd.
[297] Galiker, M.: Psychologie der Gefühle und Bedürfnisse. S. 16.
[298] Ebd.
[299] Ebd.
[300] Euler, H. A.; Mandl, H.: Emotionspsychologie. Ein Handbuch in Schlüsselbegriffen. S. 249.
[301] Galiker, M.: Psychologie der Gefühle und Bedürfnisse. S. 17.
[302] Ebd.

Die Definition des Begriffes *Kommunikation* möchte ich an dieser Stelle von Ross Buck übernehmen, nach dem Kommunikation immer dann geschieht, wenn das Verhalten eines Individuums, des Senders, das Verhalten eines anderen, dem Empfänger, beeinflusst.[303] Sie kann demzufolge nur in der Interaktion geschehen. Innerhalb dieser Arbeit werde ich mich mit Kommunikation immer auf den verbalen Austausch beziehen und es andernfalls explizit erwähnen.

Der Zusammenhang zwischen Emotion und Sprache

Die Definition des Begriffes *Emotion* hat bereits gezeigt, dass ein Zusammenhang zwischen einer Emotion und der resultierenden Handlung besteht, da auf diese immer eine bewusste oder unbewusste emotionale Regung folgt. Diesem Verständnis schließt sich die allgemeine Lehrmeinung an. Dennoch sind die Begründungen dafür unterschiedlich und jeweils geprägt vom emotionspsychologischen Kontext, in dem diese aufgestellt werden sowie der jeweiligen Gefühlsregung.[304]

Da es sich bei der menschlichen Sprache auch um eine Form von Handlung handelt, liegt die Schlussfolgerung nahe, dass auch ein Zusammenhang zwischen Emotion und Sprache besteht. Dennoch wurde in der Psychologie und besonders in der Psychotherapie und -analyse diesem Zusammenhang bislang eher wenig Beachtung geschenkt.[305] In den 70er Jahren des 21. Jahrhunderts erfuhren allerdings evolutionsbiologische Emotionstheorien dahingehend eine Erweiterung, dass nun auch mehr Augenmerk auf kulturelle und soziale Einflüsse gelegt wurde. Im Rahmen dieser kontextuellen Emotionstheorien

---

[303] Buck, R.: The Communication of Emotion. S. 4.

[304] Es ergeben sich Unterschiede in den Begründungen von emotionalen Handlungen in Bezug auf verschiedene Emotionen. Negative Emotionen wie Furcht resultieren beispielsweise in Abwehrreaktionen, die evolutionsbiologisch natürlich anders begründet werden, als Handlungen der Freude oder des Glücks. Izard, C.E.: Die Emotionen des Menschen. S. 37 ff.

[305] Es ist tatsächlich die Psychoanalyse, die der Untersuchung dieses Zusammenhanges die meiste Aufmerksamkeit schenkte. Dennoch gibt es bis heute kein psychoanalytisches Modell, welches das Verhältnis von Zustandsemotionen und sprachlichen Äußerungen untersucht. Auch die emotionspsychologischen Untersuchungen weisen kaum nennenswerte Erkenntnisse zum Zusammenhang zwischen Emotion und dem Inhalt spontaner Sprachproduktion auf, die auch tatsächlich theoriebildenden Anspruch haben. Battacchi, M.W.; Suslow, T.; Renna, M.: Emotion und Sprache. S. 9.

wurde auch der Einfluss von Kommunikation näher untersucht.[306] Die Untersuchung des Zusammenhanges von Emotion und Sprache bewegt sich an dieser Stelle also im Bereich der kontextuell-kommunikativen Emotionstheorien, die sich sowohl auf den sozialen und kulturellen als auch auf den momentanen Kontext beziehen.

Auf verschiedenen Ebenen der gesprochenen Sprache lassen sich eindeutig die Einflüsse von erlebten Emotionen nachweisen. Schon auf der linguistischen Ebene der Phoneme lassen sich emotionale Reaktionen feststellen. In einer von Ertel 1969 durchgeführten Studie, bei der Probanden mit Kunstwörtern konfrontiert wurden, schätzten diese Worte, in denen vor allem kurze Vokale vorkamen, als erregender und stärker ein, als diejenigen mit langen Vokalen. Konsonanten hingegen wurden als dynamischer eingeschätzt. Diese Erkenntnisse spielen in der täglichen Kommunikation allerdings nur eine geringe Rolle und sind beim tatsächlichen Sprechen wohl kaum zu berücksichtigen; doch besonders für die Entwicklung von Markennamen, waren diese Erkenntnisse von großer Bedeutung.[307]

Auch das Sprichwort „Der Ton macht die Musik" trifft auf die Verarbeitung von Emotionen zu. Ladd und Silvermann zeigten, dass man Emotionen auch auf lautlicher Ebene erkennen kann. Diese muss allerdings nicht immer mit der Ebene der Wortwahl übereinstimmen. So stellten sie fest, dass ein Sprecher seinen Gegenüber verbal attackieren kann, dabei auf der lautlichen Ebene aber freundlich und ruhig bzw. neutral bleiben kann. So variieren Sprecher häufig bewusst ihre Sprache, um einen anderen Eindruck zu erzeugen und nutzen demzufolge dieses Instrument wissentlich.[308]

Wichtiger für die zwischenmenschliche Kommunikation ist die Betrachtung der verwendeten Wörter. Suslow stellt fest, dass die Grundannahme der affektiven Sprachanalyse das sogenannte Frequenztheorem ist. Dieses besagt, dass je häufiger gewisse Inhalte in einem Text auftreten, die jeweils passende Emotion umso stärker ist.[309] Grundlage dafür ist, dass sprachliche Reize und somit auch Wörter über emotionale Aspekte verfügen können. Diese werden als konnotative Bedeutung bezeichnet. Einfach gesagt, verstecken sich in vielen Worten

---

[306] Galiker, M.: Psychologie der Gefühle und Bedürfnisse. S. 241.
[307] Rummer, R.; Engelkamp, J.: Sprache und Emotion. In Otto. Euler. Mandl: Emotionspsychologie. Ein Handbuch. 326.
[308] Battacchi, M.W.; Suslow, T.; Renna, M.: Emotion und Sprache. S. 100 f.
[309] Battacchi, M.W.; Suslow, T.; Renna, M.: Emotion und Sprache. S. 95.

emotionale Bedeutungsinhalte, denen wir uns mehr oder weniger bewusst sind.[310] Das Auftreten besonders vieler als positiv eingeschätzter Worte in einem Text, führt also zu Rückschlüssen über das momentane, emotionale Befinden des Sprechers, der in diesem Fall von positiven Gefühlen wie Glück erfüllt sein wird. Auch das Wiederholen von Worten sowie das Beharren auf einem Thema tragen dazu bei.[311] Emotionen und vor allem Affekte nehmen somit Einfluss auf unsere Wortwahl.

Natürlich muss man an dieser Stelle erwähnen, dass wir auch Anteil an unserer Wortwahl nehmen und nicht alles unbewusst geschieht. So sieben wir Gedanken, die wir im jeweiligen Kontext als unangebracht erachten, aus und sprechen nicht alle Worte aus, die uns in den Sinn kommen.[312]

Battacchi, Suslow und Renna verwenden in ihrer Abhandlung „Emotion und Sprache" eine Grafik zur Zusammenfassung, die auch hier aufgegriffen werden soll. Sie zeigt auf, wie die Sprachproduktion auf verschiedenen Stufen von den eigenen Emotionen beeinflusst wird.[313]

---

[310] Osgood hat zur Messung der emotionalen Bedeutung eines Wortes eine Methode entwickelt, die drei Dimensionen untersucht: Valenz (angenehm-unangenehm), Aktivität (erregend-beruhigend) und Potenz (stark- schwach). Rummer, R.; Engelkamp, J.: Sprache und Emotion. In Otto. Euler. Mandl: Emotionspsychologie. Ein Handbuch. 326.

[311] Battacchi, M.W.; Suslow, T.; Renna, M.: Emotion und Sprache. S. 95.

[312] Ebd. S. 97.

[313] Ebd. S. 102.

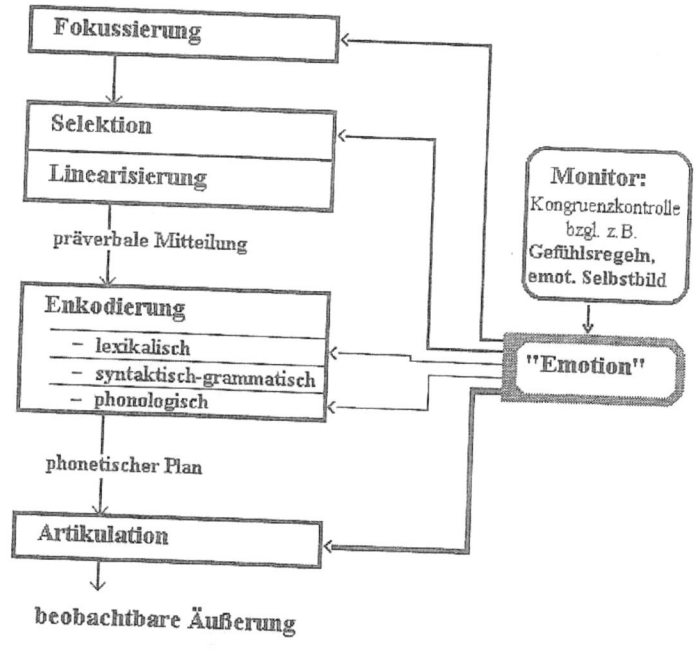

Abb. 9 Zusammenfassende Grafik nach Battacchi, Suslow und Renna[314]

Die unterschiedliche Stärke der Pfeile, die von der Emotion ausgehen, zeigt an, wie gesichert der Einfluss davon auf die jeweilige Stufe der Sprachproduktion ist. So gilt es als sehr sicher, dass diese eine Auswirkung auf die Artikulation sowie die Selektion haben. Obwohl einige Studien durchgeführt wurden, bei der der Einfluss auf die Enkodierung der Sprache untersucht wurde, ist dieser Zusammenhang noch bestritten und es fehlen gesicherte Ergebnisse diesbezüglich.[315]

---

[314] Grafik: Ebd. S. 103.

[315] Siehe dazu beispielsweise die Studie von Herrmann und Grabowski (1994). Battacchi, M.W.; Suslow, T.; Renna, M.: Emotion und Sprache. S. 99 ff.

Doch auch die Sprachverarbeitung wird von Emotionen beeinflusst. Im Rahmen der Wahrnehmungsforschung wurde der Einfluss der affektiven Valenz, also der Empfindung als angenehm/unangenehm, von Wörtern auf deren Wahrnehmungsschwelle untersucht. Hierzu wurden die Probanden tachistoskopisch[316] mit Wörtern konfrontiert, die entweder eine positive (angenehm, z.B. Sonnenschein), eine negative (unangenehm, z.B. Tod) oder neutrale Valenz (z.B. Tisch) aufwiesen. Nun wurde die Zeit gemessen, die derjenige benötigte, um ein Wort zu erkennen. Die Studie fand heraus, dass die Personen längere Zeit brauchten, um emotional unangenehme Wörter zu erkennen als für Neutrale und Positive. Emotional angenehme Worte wurden am schnellsten erkannt. Die Studie zeigte, dass unangenehme Worte schon vor dem eigentlichen Erkennen unterbewusst abgewehrt wurden. Auch eine Studie nach Eysenck zeigte, dass emotional angenehme Inhalte besser behalten werden als Unangenehme.[317]

Diese Studien zeigen, dass Emotionen sowohl Einfluss auf die Sprachproduktion als auch auf die Sprachrezeption haben. Die Ergebnisse der kontextuell-kommunikativen Emotionspsychologie haben einen großen Einfluss auf viele Kommunikationsmodelle gehabt. Zu nennen wären an dieser Stelle beispielsweise das *Organon-Modell* von Bühler sowie das *Modell der zwischenmenschlichen Kommunikation* von Schulz von Thun[318], denn man kann daraus schlussfolgern, dass Emotionen ein wichtiger, zu beachtender Faktor in der Kommunikation sind. Man kann weiterhin darauf schließen, dass es durchaus möglich ist, mit der Verwendung einer positiven Sprache unseren Gegenüber positiv zu beeinflussen, da dieser besser und schneller auf angenehme Reize reagieren wird. Diese Annahme bildet die Grundlage für das Konzept Rosenbergs, in dem er auch davon ausgeht, mit einer positiven Sprache Missverständnisse und Konflikte vermeiden zu können.

---

[316] Bei diesem Verfahren wird das Wort den Probanden in länger werdenden Intervallen vorgeführt.
[317] Rummer, R.; Engelkamp, J.: Sprache und Emotion. In Otto. Euler. Mandl: Emotionspsychologie. Ein Handbuch. 327 f.
[318] Ebd. S. 254 f.

Die Gewaltfreie Kommunikation nach Marshall B. Rosenberg

Die *Gewaltfreie Kommunikation* (GFK) ist ein Konzept Marshall B. Rosenbergs, welches der Verbesserung der zwischenmenschlichen Kommunikation dienen soll. Es soll dabei helfen, sowohl den sprachlichen Ausdruck als auch die Art zuzuhören umzugestalten, indem es ein Bewusstsein dafür fördern soll, gewohnheitsmäßige, automatische Reaktionen zu bewussten Antworten werden zu lassen. Auf diese Weise soll es zugleich die Beobachtungsfähigkeit für auf den Gegenüber sowie einen Selbst und die Ausdrucksweise schulen.[319]

Die GFK ist stark an das Aktive Zuhören angelehnt, was vermutlich auch daher rührt, dass Rosenberg Schüler Carl Rogers war, welcher seinen Fokus darauf im Rahmen der klienten-zentrierten Gesprächstherapie legte. Die GFK greift viele Teile des Aktiven Zuhörens auf, geht aber noch weit darüber hinaus.[320] Dies soll hier nur kurz Erwähnung finden, da im Folgenden die Unterschiede und Gemeinsamkeiten nicht weiter erörtert werden sollen.

Grundlage des gesamten Konzepts der GFK bildet Empathie. Rosenberg definiert diese in Bezug auf die GFK folgendermaßen:

> „Empathie bedeutet ein respektvolles Verstehen der Erfahrungen anderer Menschen. Der chinesische Philosoph Chuang-Tzu legt dar, dass es für wahre Empathie erforderlich ist, mit dem ganzen Wesen zuzuhören: „ Das Hören, das sich nur in den Ohren abspielt, ist eine Sache. So zu hören, dass man die Worte erfasst, ist eine andere. Aber das Hören der Essenz ist nicht auf einen der Empfangskanäle begrenzt, weder auf die Ohren noch auf den Verstand. Sie erfordert vielmehr die Leere aller Empfangskanäle. Und wenn die Empfangskanäle leer sind, dann hört das ganze Wesen. Dann gibt es einen direkten Zugang zu dem, was direkt vor dir ist, was niemals nur mit dem Ohr gehört oder mit dem Verstand erfasst werden kann." Empathie tritt im Kontakt mit anderen Menschen nur dann auf, wenn wir alle vorgefassten Meinungen und Urteile über sie abgelegt haben."[321]

---

[319] Rosenberg, M. B.: Gewaltfreie Kommunikation. Eine Sprache des Lebens. S. 22.
[320] Wikipedia-Artikel Gewaltfreie Kommunikation.
[321] Ebd. S. 113.

In der Empathie sieht Rosenberg eine „innere Ressource", also eine Art Schlüssel auf der Suche nach einer effektiven Form der Konfliktbewältigung, die jeder Mensch in sich trägt.[322] Das bedeutet, dass die die Fähigkeit empathisch zu handeln in jedem Menschen steckt und nach Rosenberg unsere wahre Natur reflektiert.[323] Doch die Menschen haben sich von dieser entfernt.[324] Die GFK soll nun helfen, sich dieser wieder zu nähern.

Die GFK teilt sich in zwei Teile. Im ersten Teil geht es darum, sich mit Hilfe von vier Komponenten ehrlich auszudrücken. Im zweiten Teil soll wiederum das empathische Zuhören, auch wieder mithilfe der vier Komponenten darum, gelernt werden.[325] Im Folgenden sollen die vier Komponenten der GFK näher beleuchtet werden.

Die vier Komponenten der GFK

Die GFK richtet in der zwischenmenschlichen Kommunikation, und das sowohl auf Seiten des Redners als auch des Zuhörers, ihr Augenmerk auf vier Bereiche. Die Beachtung dieser Komponenten soll nach Rosenberg das Bewusstsein öffnen und die Menschen zum empathischen handeln anleiten. Die vier Teile sind Beobachtungen, Gefühle, Bedürfnisse und Bitten.[326] Diese sollen nun ausführlicher erläutert werden.

Die erste Komponente der GFK sind **Beobachtungen**. Hier geht es zunächst darum, zu beobachten, was tatsächlich in einer Situation geschieht. Rosenberg stellt fest, dass wir häufig Beobachtung und Bewertung vermischen und so zu voreiligen Schlussfolgerungen kommen.

Dem soll diese Komponente entgegenwirken. Es geht also darum Beobachtung und Bewertung voneinander zu trennen. Wenn man anderen Menschen mitteilen möchte, was einen persönlich stört, so muss man sich zunächst dessen bewusst

---

[322] Oboth, M.; Seils, G.: Mediation in Gruppen und Teams. Praxis und Methodenhandbuch. S. 21.
[323] Rosenberg, M. B.: Die Sprache des Friedens sprechen in einer konfliktreichen Welt. S. 19.
[324] Rosenberg nennt es „lebensentfremdende Kommunikation", welche die Menschen sich angeeignet haben. Diese führt dazu, dass wir mit unserem Sprachstil andere verletzten. Beispiele dieser seien beispielsweise das Leugnen von Verantwortung, unangemessene Vergleiche, eine strikte Unterteilung und Unterstellung von Gut und Böse/Schlecht und Manipulation. Rosenberg, M. B.: Gewaltfreie Kommunikation. Eine Sprache des Lebens. S. 35 ff.
[325] Rosenberg, M. B.: Gewaltfreie Kommunikation. Eine Sprache des Lebens. S. 24.
[326] Ebd. S. 25.

werden und sich selbst beobachten. Auf diese Weise kann man herausfinden, was das eigene Wohlbefinden stört. Aber auch beim Beobachten anderer Menschen ist diese Wertungsfreiheit wichtig. Die Verwendung einer statischen Sprache (z.B. „Du bist großzügig.") führt häufig zu Verallgemeinerungen, Missverständnissen und Konflikten. Diese gründet natürlich auch auf Beobachtungen, die wir aber sehr schnell mit Bewertungen vermischt haben.

Die GFK versteht sich als prozessorientierte Sprache, indem sie ihre Beobachtungen immer konkret auf den Handlungszusammenhang bezieht (z.B. „Wenn du dem Bettler 2 Euro gibst, finde ich, dass du großzügig bist."). Zusammenfassend bemüht sich diese Komponente also darum, zuerst ein Bewusstsein dafür zu entwickeln, was es bedeutet Beobachtung und Bewertung voneinander zu trennen, um diese dann anschließend in der GFK anzuwenden.[327]

In der zweiten Komponente der GFK geht es darum, **Gefühle wahrzunehmen und auszudrücken**. Rosenberg stellt fest, dass wir kaum mit anderen Menschen, vor allem nicht in der Schule oder im Beruf, über unsere Gefühle sprechen. Dies hat dazu geführt, dass wir verlernt haben, diese auszudrücken.[328] Er veranschaulicht dies mithilfe kleinerer Episoden und Patientengespräche. Eines möchte ich hier kurz zur Verdeutlichung aufgreifen:

> „In einem GFK-Workshop erzählte ein College-Student von einem Mitbewohner, der die Musik so laut aufdrehte, dass er nicht schlafen konnte. Auf die Frage nach seinen Gefühlen in der geschilderten Situation antwortete der Student: ‚Ich habe das Gefühl, dass es nicht in Ordnung ist, nachts so laut Musik zu hören.' Ich wies darauf hin, dass wenn er nach dem Wort *fühlen* das Wort dass sagt, er eine Meinung äußert aber nicht seine Gefühle offenlegt. Auf die nochmalige Bitte, seine Gefühle auszudrücken, erwiderte er: ‚Ich habe das Gefühl, die Leute, die so was machen, haben eine Persönlichkeitsstörung.' Ich erklärte ihm, dass dies eine Meinung statt einer Gefühlsäußerung sei. Er machte eine nachdenkliche Pause und sagte dann vehement: ‚Ich habe überhaupt keine Gefühle dazu.'"[329]

An diesem Gespräch wird die Problematik des Erkennens der eigenen Gefühle sowie des In-Worte-Fassens deutlich. Angesprochen auf Gefühle kommt es häufig dazu, wie auch im Beispiel, dass das Wort fühlen verwendet wird, ohne ein wirkliches Gefühl auszudrücken. Es ist aber überhaupt nicht notwendig dieses Verb zu verwenden, wenn man ein Gefühl ausdrücken möchte. Aus

---

[327] Ebd. S. 45 ff.
[328] Ebd. S. 57.
[329] Ebd. S. 57 f.

diesem Grund unterscheidet er zwischen Wörtern, „die wirkliche Gefühle ausdrücken, und Wörtern, die beschreiben, was wir darüber denken, wie wir sind."[330] Er unterteilt also in Gefühlsäußerungen und Meinungsäußerungen bzw. Interpretationen, die im Zusammenhang mit anderen Menschen stehen. Hier einige Beispiele:

Interpretationen	Gefühle
betrogen	ängstlich
missbraucht	leblos
ungewollt	sorgenvoll
vernachlässigt	gespannt

Abb. 10 Übersicht Interpretation–Gefühl[331]

Zusammenfassend bedeutet die zweite Komponente der GFK demzufolge, zunächst die Fähigkeit Gefühle von Interpretationen zu trennen und das Aufbauen eines Wortschatzes, der uns bemächtigt, diese klar, deutlich und unmissverständlich zu beschreiben. Dies macht den Redner natürlich auf der einen Seite angreifbar, aber auf der anderen Seite auch offen für eine Konfliktbewältigung.[332]

Die dritte Komponente der GFK widmet sich dem **Erkennen und Akzeptieren der Wurzeln unserer Gefühle**. Es geht darum, dass unsere Wahrnehmung dafür geschärft wird, dass das Handeln anderer zwar Auslöser aber niemals Ursache für ein Gefühl sein kann. Auf diese Weise soll uns diese dritte Komponente zeigen, wie wir Verantwortung für unsere Handlungen übernehmen können. Rosenberg vertritt den Ansatz, dass die Ursache unserer Gefühle in der Erfüllung bzw. Nicht-Erfüllung von Bedürfnissen liegt.[333]

---

[330] Ebd. S. 61.
[331] Ebd. S. 62 ff.
[332] Ebd. S. 65.
[333] Diese Ansicht teilt er mit einigen Emotionsbiologen. Zu nennen sei an dieser Stelle vor allem Ross Buck, der in seiner Prime-Theory davon ausgeht, dass der Körper permanent Informationen über Bedürfnisse abruft und diese in Form von Emotionen und Motivation wiederspiegelt bzw. weitergibt. Buck, R.: Prime Theory: An Integrated View of Motivation and Emotion.; Rosenberg, M. B.: Gewaltfreie Kommunikation. Eine Sprache des Lebens. S. 69.

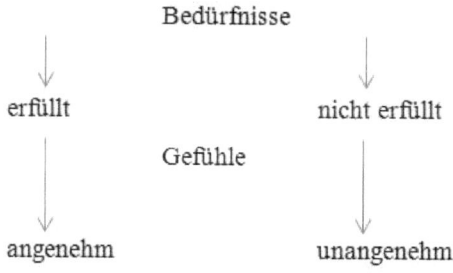

Abb. 11 Übersicht Bedürfnisse–Gefühle

Er geht davon aus, dass die meisten Menschen, sobald ein Bedürfnis nicht erfüllt wird, die Schuld bei anderen Menschen suchen. Dies ist auch der Grund dafür, wieso die meisten Menschen, wenn sie ihre Bedürfnisse äußern sollen, diese durch Bewertungen, Interpretationen und Vorstellungen ausdrücken, was wiederum schnell nach Kritik klingen kann. Damit konfrontiert reagieren wir zumeist mit Verteidigung und Gegenangriff. Auf diese Art und Weise ist es kaum möglich, dass dem Sprecher Verständnis entgegenkommt. Wenn man solche Situationen erlebt hat, ist es nicht verwunderlich, wenn man sich in Zukunft scheut, über die eigenen Bedürfnisse zu sprechen. Rosenberg verspricht aber, dass wenn man mithilfe der GFK lernt, die eigenen Bedürfnisse richtig zu äußern, die Chance steigt, dass diese erfüllt würden und man so angenehme Gefühle entwickele. Rosenberg nennt es *emotionale Befreiung* (im Gegenteil zur *emotionalen Sklaverei*), die man erreicht, wenn man in der Lage ist, seine Bedürfnisse frei zu äußern.[334]

Rosenberg erkennt, dass es vier Arten gibt, wie man auf negative Äußerungen anderer reagieren kann: 1. Uns selbst die Schuld geben; 2. Anderen die Schuld geben; 3. Unsere eigenen Gefühle und Bedürfnisse wahrnehmen; 4. Die Gefühle und Bedürfnisse des anderen wahrnehmen, die sich in dessen Aussage verbergen.[335] Die ersten beiden Formen sollen möglichst vermieden werden, wohingegen die Formen drei und vier erstrebenswert sind. Dennoch muss man sich hier daran orientieren, was auch Ross Buck in seinen Untersuchungen feststellte. Emotionen sind in erster Linie nur von einer Person selbst zu erfahren. Natürlich lassen wir die Außenwelt nicht nur durch gesprochene Sprache sondern vielmehr auch durch nonverbale Äußerungen daran teilhaben,

---

[334] Rosenberg, M. B.: Gewaltfreie Kommunikation. Eine Sprache des Lebens. S. 73 ff.
[335] Ebd. S. 81.

aber alle diese Formen von Kommunikation werden vom Sender encodiert.[336] Es wird uns somit niemals vollkommen möglich sein, die Gefühle des anderen nachzuvollziehen, aber Rosenberg will daran arbeiten, dass wir ein erhöhtes Verständnis für den Gegenüber zu entwickeln.

Die vierte Komponente bezieht sich auf das **Bitten**. Es soll darin ausgedrückt werden, was „wir vom anderen wollen, so dass unser beider Leben schöner wird."[337] An dieser Stelle mahnt Rosenberg zunächst dazu, in den Bitten immer eine positive Handlungssprache zu verwenden. Diese zeichnet sich dadurch aus, man nicht ausspricht was man nicht von dem anderen möchte, sondern immer nur sagt, was man tatsächlich vom anderen erwartet. Die Verwendung der negativen Bitte kann schnell zu Missverständnissen führen, da der Gegenüber nun immer noch nicht weiß, um was er konkret gebeten wird. Nur wenn man die positive Handlungssprache verwendet, kann man auch tatsächlich das ausdrücken, um was man den anderen bitten will bzw. was man von ihm erwartet. Doch eine positive Sprache allein genügt auch noch nicht. Es ist zudem unbedingt nötig, sich so präzise und ehrlich wie möglich, wie auch innerhalb der anderen Komponenten, auszudrücken.[338] Innerhalb jeglicher Kommunikation encodieren wir unsere Sprache. Es gilt an dieser Stelle diesen Code ein Stück weit aufzuheben. Hinter Aussagen wie „Ich habe Durst", verstecken sich häufig Bitten, wie in diesem Fall „Kannst du mir etwas zu trinken holen". Die GFK zielt darauf ab, eben diese versteckten Bitten zu decodieren und offenzulegen. Um zu überprüfen, ob das Gegenüber die Bitte richtig verstanden hat, empfiehlt Rosenberg, um Wiedergabe zu bitten.

Es verbirgt sich aber noch eine weitere Gefahr in der Äußerung von Bitten, da diese leicht mit Forderungen verwechselt werden. Dies geschieht immer dann, wenn der andere diese als Beschuldigung oder Bestrafung auffasst. In der Regel können nach Rosenberg dann nur zwei Verhaltensweisen folgen: Unterwerfung oder Rebellion. Er führt weiterhin an, dass es oft schwer sein kann eine Bitte von einer Forderung zu unterscheiden, wenn man rein von der Aussage ausgeht. Der Wille dahinter sei zumeist erst dann erkennbar, wenn man die folgenden

---

[336] Buck, R.; VanLear, C.A.: Verbal and Nonverbal Communication: Distinguishing Symbolic, Spontaneous, and Pseudo-Spontaneous Nonverbal Behavior. S. 524.
[337] Rosenberg, M. B.: Gewaltfreie Kommunikation. Eine Sprache des Lebens. S. 25.
[338] Ebd. S. 89 ff.

Reaktionen beobachtet.[339] Ein Beispiel für eine Bitte hinter der sich eigentlich eine Forderung verbirgt ist die Folgende:

> Mann: „Ich fühle mich einsam und möchte, dass du den Abend mit mir verbringst."
>
> Frau: „Ich bin sehr müde. Wenn du gerne Gesellschaft hättest, warum schaust du nicht nach jemand anderem, mit dem du den heutigen Abend verbringen kannst?"
>
> Mann: „Das ist typisch, dass du immer so selbstsüchtig bist."[340]

In diesem Gespräch kann man zunächst nicht erkennen, ob die Aussage des Mannes eine Bitte oder eine Forderung darstellt. Erst an seiner zweiten Antwort erkennt man die Natur seiner Aussage als Forderung. Diese Episode zeigt, dass es bei der GFK nicht allein um eine besondere Sprache geht. Vielmehr muss man sich auch in Selbsterkenntnis und Duldsamkeit üben, um tatsächlich gewaltfrei kommunizieren zu können. Weiterhin muss nochmals daraufhin hingewiesen werden, welchem Zwecke die Bitten in der GFK dienen. Es geht hier nicht darum, dass diese erfüllt werden. Vielmehr sind die Offenheit und Ehrlichkeit, die darin inbegriffen sind, von Bedeutung. Es geht darum, sich dem anderen gegenüber zu offenbaren, ohne das unbedingte Ziel der Erfüllung der Bitte zu verfolgen.

Es ist weiterhin aber auch wichtig, zu wissen, wie man damit umgehen kann, wenn man mit den Beobachtungen, Gefühlen, Bedürfnissen und Bitten des Gegenübers konfrontiert wird. Rosenberg nennt die richtige Reaktion darauf *empathisches Aufnehmen*. Natürlich kann man nicht immer davon ausgehen, dass der Gegenüber auch die GFK anwendet und sich dementsprechend äußert. Dennoch sollte man immer die vier Komponenten im Kopf behalten und in den Aussagen des anderen danach suchen. Man muss sich dann im Gespräch immer fragen, was er beobachtet, fühlt, braucht und erbittet. Dies kann, wie schon vorher angeführt, nicht immer leicht sein. Nichtsdestotrotz ist es nach Rosenberg immer einen Versuch wert. Erst wenn man eine ungefähre Vorstellung von den Beobachtungen, Gefühlen, Bedürfnissen und Bitten des anderen entwickelt hat, kann eine angemessene Reaktion möglich sein. Eine richtige Reaktion stellt laut Rosenberg das Paraphrasieren, also das Wiedergeben mit eigenen Worten, dar. Anders als beim Aktiven Zuhören empfiehlt Rosenberg aber, es nicht als Aussage zu gestalten. Vielmehr rät er, das Wiedergegebene als Frage zu stellen.

---

[339] Ebd. S. 99.
[340] Ebd. S. 99.

Er ist der Meinung, dass man auf diese Weise am besten ein Verständnis für den Gegenüber und dessen Beobachtungen, Gefühle, Bedürfnisse und Bitten vermitteln kann. Falls man etwas falsch verstanden hat, ist der Gesprächspartner zugleich zu einer Richtigstellung ermutigt. Natürlich ist es nicht so einfach angemessene Fragen zu formulieren. Man muss einerseits sich auf den anderen und dessen Gefühle einstimmen und einlassen und andererseits Raum zum Revidieren lassen. Es ist immer wichtig, dass die Fragen sich direkt auf den Kontext der Aussagen des Gegenübers beziehen und nicht genereller Natur sind (wie bspw. „Wie fühlst du dich? Warum fühlst du dich so?").[341] Hier kurze Beispiele für empathische und nicht-empathische Reaktionen:

1. A: „Du bist nicht der liebe Gott!"

   B: „Bist du frustriert weil du möchtest, dass gesehen wird, dass man die ganze Angelegenheit auch anders interpretieren kann?"

   → Diese Reaktion ist empathisch, da Person B versucht sich in Person A reinzuversetzen und nach dessen Beweggründen näher und ehrlich nachfragt.

2. A: „Wie konnte ich nur so etwas Dummes tun?"

   B: „Niemand ist perfekt; Sie sind einfach zu streng mit sich."

   → Diese Reaktion ist nicht empathisch, da die Person versucht zu beschwichtigen, ohne tatsächlich auf die Gefühle und Bedürfnisse desjenigen einzugehen.[342]

Als Reaktionsweisen, die generell beim empathischen Aufnehmen hinderlich sind, sieht Rosenberg Ratschläge, noch eins Draufsetzen, Belehren, Trösten, Geschichten zum Besten geben, über den Mund Fahren, Bemitleiden, Verhören, Erklärungen Abgeben und Verbessern. Diese gilt es also generell zu vermeiden, da sie in der GFK als nicht angemessen betrachtet werden.

An dieser Stelle wurden die vier Komponenten der Gewaltfreien Kommunikation sowie der Umgang damit näher erläutert. Im folgenden Kapitel werden die hier theoretisch erläuterten Grundlagen aufgegriffen und in praktische Beispiele umgewandelt. Durch den Einbezug dieser vier Komponenten können wir nach Rosenberg eine Sprache sprechen, die uns hilft rücksichtsvoller zu kommunizieren. Dies soll nun für den Raum der Schule angewandt werden, indem nun eine beispielhafte Unterrichtseinheit für das Anwenden und Erlernen der GFK mit Schülern vorgestellt und näher erläutert werden soll.

---

[341] Ebd. S. 113 ff.
[342] Ebd. S. 129 f.

Die Gewaltfreie Kommunikation in der Schule

Die GFK stellt ein Kommunikationskonzept dar, welches für verschiedenste Situationen und Räume konzipiert ist. Ursprünglich wurde es im Rahmen der patienten-zentrierten Gesprächstherapie entwickelt, doch Rosenberg übertrug es schnell auf weitere Bereiche. Er sagt, dass die GFK überall da zum Einsatz kommen kann, wo zwischenmenschliche Kommunikation stattfindet: In der Ehe, in der Schule, im Beruf, in der Politik etc. Eine Anwendung in der Schule ist somit sehr naheliegend und soll nun näher erörtert werden.

Rosenberg erkennt, dass wir meistens gewohnheitsmäßig eine Sprache verwenden, die dazu neigt, Missverständnisse zu erzeugen und zur Entwicklung von Konflikten beizutragen. Diese Sprache ist vor allem davon gekennzeichnet, dass vorschnell Bewertungen stattfinden. Erwachsenen fällt es oft schwer, zwischen Beobachtungen und Bewertung sowie zwischen Gefühlen und Interpretationen zu unterscheiden. Auch das ehrliche Äußern von Bedürfnissen sowie das Bitten fallen Vielen schwer. Dies ist ein Phänomen, das sicherlich mit der Erziehung zusammenhängt. Emotionale Intelligenz, also die Fähigkeit Emotionen wahrzunehmen, zu bewerten, auszudrücken, zu verstehen, zu analysieren, zu reflektieren sowie das Denken emotional zu fördern,[343] ist nicht angeboren. Lediglich die Fähigkeit, grundlegende Emotionen zu erkennen, bekommen wir in die Wiege gelegt.[344] In der Schule sind wir somit dazu verpflichtet, zur emotionalen Bildung der SchülerInnen beizutragen.

Die GFK bietet uns ein Konzept, welches eben dazu beiträgt, indem es meiner Meinung nach an grundsätzlichen „Baustellen" ansetzt. Durch die Verbesserung des Ausdrucks sowie der Art Zuzuhören, werden grundlegende emotionale Fertigkeiten in Verknüpfung mit der Sprache vermittelt. Die GFK ist somit sowohl für die Grundschule als auch für die Sekundarstufe I und II geeignet. Im Folgenden möchte ich aufzeigen, wie die GFK Eingang in den Unterricht der Primarstufe finden kann und eine mögliche Einheit vorstellen.

---

[343] Siehe dazu das Fähigkeitsmodell emotionaler Intelligenz nach Mayer und Saloveys (1997). Danach stellt Emotionale Intelligenz eine Sammlung verschiedener emotionaler Fertigkeiten dar:
1. Wahrnehmung, Bewertung und Ausdrücken von Emotionen;
2. Emotionale Förderung des Denkens;
3. Verstehen und Analysieren von Emotionen sowie Anwendung emotionalen Wissens;
4. Reflexive Emotionsregulation.
Neubauer, A.C.; Freudenthaler, H.H.: Modelle emotionaler Intelligenz. S. 44 f.

[344] Schultz, D.; Izard, C.E.; Abe, J.A.A.: Emotionssysteme und die Entwicklung emotionaler Intelligenz.

Die Gewaltfreie Kommunikation in der Primarstufe

Um die Gewaltfreie Kommunikation für Kinder verständlicher und zugänglicher zu machen, hat Rosenberg die Begriffe der Giraffen- und der Wolfssprache entwickelt. Menschen, die „wölfisch" sprechen, denken demnach, sobald es zu einem Konflikt kommt, dass das Verhalten des Anderen mit den eigenen Werten in Konflikt steht.[345] Mit anderen Worten suchen sie die Schuld beim Gegenüber. Beispiele für Aussagen eines Wolfes wären:

„Dann sind Sie schwer von Begriff!"

„Sie sind unhöflich und sozial unangepasst!"

„Sie haben wohl einen Gehörschaden!"[346]

Man kann auch sagen, dass der Wolf genau das tut, was in der GFK vermieden werden soll. Er urteilt vorschnell, bewertet, verurteilt und weist kein Einfühlungsvermögen auf. Im Gegenteil zur Wolfs- steht die Giraffensprache. Giraffensprache ist hier einfach ein anderer Begriff für die Gewaltfreie Kommunikation. Diese Metapher der beiden Tiersprachen lässt sich gut für den LER-Unterricht[347] in der Grundschule nutzen. Natürlich muss diese mit den SchülerInnen schrittweise erarbeitet werden. Als Vorarbeit habe ich ein Brainstorming in Einzelarbeit gewählt, für die Erarbeitung eine Zuordnungsübung im Plenum und für die Vertiefung, die Erstellung eines Wandplakats. Diese erstrecken sich über mehrere Unterrichtsstunden. Die genaue Anzahl der Stunden orientiert sich natürlich an der jeweiligen Klassenstufe und der individuellen Klassensituation.

Die Vorarbeit findet in der ersten Stunde statt. Ich beginne damit, den Schülern jeweils ein Bild von einer Giraffe sowie einem Wolf zu zeigen. Dann bekommen die Kinder den Auftrag, aufzuschreiben, welche Eigenschaften wohl die Giraffe und der Wolf haben könnten. Ich gehe an dieser Stelle davon aus, dass der Giraffe generell positivere Eigenschaften zugesprochen werden, als dem Wolf. Die Attribute werden dann zusammen mit den SchülerInnen in Mind-Map-Form und mit dem jeweiligen Bild in der Mitte an der Tafel gesammelt. Falls mir noch eine Eigenschaft fehlen sollte, würde ich diese hinzufügen und mit den SchülerInnen klären. Diese Übung soll dazu dienen, dass die SchülerInnen erkennen, dass die Giraffe eher positive Eigenschaften vereint, der Wolf eher negative. Dies ist wichtig für die anschließenden Schritte.

---

[345] Rosenberg, M. B.: Kinder einfühlend unterrichten. S. 9.
[346] Ebd. S. 9 f.
[347] Lebensgestaltung – Ethik – Religionskunde (kurz: LER)

Im nächsten Schritt erkläre ich den SchülerInnen zunächst, dass der Wolf und die Giraffe unterschiedliche Sprachen sprechen. Diese unterscheiden sich nicht in den Worten, so wie deutsch und englisch, sondern in der Art, wie sie mit anderen umgehen. Ich sage den SchülerInnen, dass ich Aussagen über beide Sprachen gefunden habe, die mir aber leider völlig durcheinander geraten sind. Wir müssten nun diese alle zusammen wieder richtig zuordnen. Diese Zuordnung soll an der Tafel stattfinden. Die beiden Tierbilder kommen auch hier wieder zum Einsatz. Nun gehe ich nach und nach die Aussagen durch, die ich vorbereitet und in große Sprechblasen geschrieben habe. Im Plenum ordnen wir diese nun gemeinsam zu. Hier eine Tabelle der Aussagen:

Giraffe	Wolf
kennt den Unterschied zwischen Bewertung und Beobachtung und trennt diese beiden Dinge	sucht die Schuld nicht bei sich
achtet auf die eigenen Gefühle	weiß, was mit den anderen nicht stimmt
ist sich der Bedürfnisse bewusst	straft, beleidigt, macht Vorwürfe oder bedroht
achtet auf die Gefühle und Bedürfnisse der anderen	fühlt sich im Recht
respektiert die Bedürfnisse der anderen	achtet auf sich selbst
bittet oder wünscht, anstatt von anderen zu fordern	fordert von anderen anstatt sie zu bitten
kann Gefühle und Bedürfnisse anstelle von Angriffen, Beleidigungen und Vorwürfen äußern	kann Gefühle und Bedürfnisse nicht erkennen oder äußern
Beobachtung, Gefühle, Bedürfnisse, Bitten	

Abb. 12 Giraffen- und Wolfssprache

Viele Begriffe aus den Aussagen werden für die SchülerInnen neu oder unverständlich sein. Deshalb werden sie immer zuerst erklärt, bevor sie zugeordnet werden. Dies geschieht entweder durch einen SchülerIn oder durch mich. Dieser Schritt ist sehr bedeutsam in der Erarbeitung und so sollte man sich an dieser Stelle viel Zeit nehmen, Rückfragen stellen und jegliche Nachfrage zulassen. Die letzte fettgedruckte Aussage verwende ich zum Schluss, um daran noch einmal die 4 Teile zu erklären, die für die Giraffensprache am bedeutendsten sind.

Nachdem alle Aussagen geklärt und zugeordnet sind, konfrontiere ich die SchülerInnen damit, dass wir alle entweder Giraffen oder Wölfe sind. Wir haben uns nämlich deren Sprache angeeignet. Je nachdem auf welche Art und Weise wir uns ausdrücken, sind wir entweder Giraffen oder Wölfe. Aber natürlich wollen wir eigentlich alle Giraffen sein und das können wir auch. Manchmal geschieht es aber, dass uns ein kleines Wölfchen auf der Schulter sitzt und uns dazu bringt, die falsche Sprache zu verwenden. Oftmals merken wir das dann selber, aber es kann auch nötig sein, dass jemand anderes uns darauf aufmerksam machen muss. Wenn jemand nun merkt, dass beispielsweise der Banknachbar wölfisch gesprochen hat, muss er nur sagen: „Kannst du das auch in der Giraffensprache sagen?" Das ist unser Zeichen dafür, dass derjenige noch einmal tief in sich gehen und überlegen muss, wie er das Gesagte ausdrücken kann, ohne jemand anderen anzuklagen etc. und indem er seine Beobachtungen, Gefühle, Bedürfnisse und Wünsche deutlich ausspricht. Dann kann er es noch einmal versuchen. Auch würde ich hier betonen, dass das natürlich für die ganze Zeit und nicht nur den LER-Unterricht zutrifft. Zudem ist es wichtig, die SchülerInnen zu ermutigen, auch mich als Lehrer zu verbessern, falls ich etwas in wölfisch sagen sollte.

Das Ziel ist, dass man mit der Klasse eine neue Klassenregel einführt, die zu einer besseren Kommunikation innerhalb der Klasse und so vielleicht auch zu einem besseren Klassenklima beiträgt. Ich glaube das die Metapher der Tiersprache dabei gut helfen kann und in der Grundschule (beliebig von Klasse 1-4) gut aufgenommen werden wird. Natürlich erkenne ich die Schwierigkeit, die darin liegt, dass man Tiere aufgreift und diese mit Vorurteilen belädt. Da wir uns aber hauptsächlich auf die Kommunikation beziehen, denke ich, dass dies in Ordnung ist. Das Spiel mit den Vorurteilen kann an dieser Stelle genutzt werden, da keinem ein Schaden zugefügt wird.

Zur Vertiefung sollen nun noch in Gruppen Wandplakate erstellt werden. Dazu werden die Schüler in Gruppen aufgeteilt. Je nach Anzahl der SchülerInnen variiert die Anzahl der Gruppen, die jeweils ungefähr aus 4-5 Personen bestehen. Jede Gruppe bekommt dann die Aufgabe sowohl ein Wolfs- als auch ein Giraffenplakat zu erstellen. Es ist mir wichtig, dass jede/r SchülerIn sowohl am Wolf als auch an der Giraffe arbeitet. Nur so kann gewährleistet werden, dass der Unterschied zwischen beiden verstanden und verinnerlicht wird. Ich finde es sinnvoll, wenn die Erstellung der Plakate auf zwei Stunden verteilt wird. So kann in der ersten Stunde am Wolf und in der zweiten Stunde an der Giraffe gearbeitet werden. Hier haben die Schüler die Gelegenheit, ihrer

Kreativität freien Lauf zu lassen. Die einzige Bedingung ist, dass die Aussagen, die natürlich auch sinngemäß und nicht nur wörtlich übernommen werden können, mit einfließen. Anschließend kann man die Plakate im Klassenraum aufhängen.

Schön wäre es an dieser Stelle, den Satz „Kannst du das auch in der Giraffensprache sagen?" als Überschrift zu nehmen.

Diese Unterrichtseinheit lässt sich gut in den Unterricht der Grundschule eingliedern. Die Behandlung der Gewaltfreien Kommunikation lässt sich dem Themenfeld 1 Soziale Beziehungen zuordnen. Unter 1.2 gilt es, die Schule und die Klasse als Übungsfeld sozialer Interaktion zu erkunden. Genau das geschieht, wenn die Schüler die GFK erlernen und vor allem dann weiterhin im Umgang miteinander und auch außerhalb des LER-Unterrichts anwenden. Es kann zudem zur grundsätzlichen Bildung der Schüler beitragen, da, wie eingangs erwähnt, einige Bereiche der emotionalen Intelligenz der SchülerInnen geschult werden. Die Kombination aus Einzel-, Gruppen- und Plenumsarbeit halte ich auch für gut geeignet für die Grundschule, da auf diese Weise nicht so schnell Langeweile unter den SchülerInnen aufkommen wird. Die SchülerInnen haben vermutlich vorher noch nichts von der Giraffen- und der Wolfssprache gehört und so könnte dies dem Lehrer zusätzliche Aufmerksamkeit sichern.

Fazit

Verschiedene Studien haben gezeigt, dass sowohl die Sprachproduktion als auch die Sprachrezeption von Emotionen beeinflusst werden. Das bedeutet, dass unsere Gefühle bewusst und unbewusst Einfluss auf unsere Kommunikation nehmen. Die Auswahl der verwendeten Wörter und des Inhalts sowie die Laute, die wir nutzen, hängen mit dem emotionalen Momentzustand zusammen. Des Weiteren nehmen wir generell positiv konnotierte, also als angenehm empfundene, Worte schneller auf und behalten diese besser. Daraus folgt, dass wir eine positive Sprache besser behalten und für angenehmer empfinden. Marshall B. Rosenberg hat mit seinem Konzept der Gewaltfreien Kommunikation ein Modell geschaffen, was den Redner dazu ermutigt diese positive Sprache zu sprechen. Außerdem legt er in diesem Modell viel Wert darauf, dass die bloße Beobachtung von einer Wertung getrennt wird. Durch Vorverurteilung und Wertung fühlen sich Menschen oft angegriffen und ziehen sich zurück. Es kommt oft zu Missverständnissen.

Um dies zu vermeiden rät Rosenberg weiterhin, die Sprache, die wir encodieren, zu entschlüsseln. Oft implizieren wir in Aussagen Dinge, die wir nicht auszusprechen vagen, die uns aber am Herzen liegen. Durch eine fehlerhafte Decodierung des Empfängers kommt es zu Missverständnissen. Der Sender kann nun bspw. die Schuld beim Empfänger suchen. Immer weiter entwickeln sich auf diese Weise Irrtümer. Rosenberg packt diese an ihrer Wurzel an, da sie kaum entstehen können, wenn der Sender sich offen und ehrlich äußert und der Empfänger ihm empathisch und aufmerksam zuhört. Natürlich ist es falsch, zu glauben, dass mithilfe der GFK jegliche Missverständnisse vermieden werden können. Dennoch denke ich, dass wenn nur ein Teil seiner Methode Beachtung findet und einem im Hinterkopf bleibt, wenn man sich seinem Gegenüber offenbaren möchte, viele Konflikte verhindert werden können.

Die Schule bietet den idealen Raum zum Erlernen der GFK. Kinder und Jugendliche sind in ihren Gesprächsmustern noch nicht so eingefahren wie Erwachsene und können in diesem Bereich noch leichter neue Dinge lernen. Außerdem bietet die Vermittlung der GFK einen Facettenreichtum, der in vielen verschiedenen Übungen und Unterrichtsstufen angewandt werden kann. Leider war an dieser Stelle nur Raum für eine Unterrichtseinheit, aber allein die Komponenten Beobachtung, Gefühle, Bedürfnisse und Bitten bieten einen großen Spielraum, der im LER-Unterricht genutzt werden kann und sollte.

Quellen

Battacchi, Marco W.; Suslow, Thomas; Renna, Margherita: Emotion und Sprache. Zur Definition der Emotion und ihren Beziehungen zu kognitiven Prozessen, dem Gedächtnis und der Sprache. Frankfurt am Main: Peter Lang, 1996. Print.

Buck, Ross: The Communication of Emotion. New York: The Guilford Press, 1984. Print.

Buck, Ross: Prime Theory: An Integrated View of Motivation and Emotion. In: Psychological

Association Inc. (Hrsg.): Psychological Review. 1985, Vol. 92, No. 3, Seiten 389-413. Print.

Buck, Ross: The Biological Affects: A Typology. In: American Psychological Association Inc. (Hrsg.): Psychological Review. 1999, Vol. 106, No. 2, Seiten 301-336. Print.

Buck, Ross; VanLear, Arthur: Verbal and Nonverbal Communication: Distinguishing Symbolic, Spontaneous, and Pseudo-Spontaneous Nonverbal Behavior. International Communication Association, 2002. Talkbank.org. Web. 03.01.2012.

Euler, Harald A. (Hrsg.); Mandl, Heinz (Hrsg.): Emotionspsychologie. Ein Handbuch in Schlüsselbegriffen. München: Urban und Schwarzenberg, 1983. Print.

Galiker, Mark: Psychologie der Gefühle und Bedürfnisse: Theorie, Erfahrungen, Kompetenzen. Stuttgart: Kohlhammer, 2009. Print.

Hülshoff, Thomas: Emotionen. Eine Einführung für beratende, therapeutische, pädagogische und soziale Berufe. München: Ernst Reinhardt Verlag, 1999. Print.

Izard, Caroll E.: Die Emotionen des Menschen. Eine Einführung in die Grundlagen der Emotionspsychologie. Weinheim: Beltz, 1981. Print.

Landesinstitut für Schule und Medien Berlin-Brandenburg. Rahmenlehrplan Grundschule Lebensgestaltung – Ethik – Religionskunde. Bildungsserver Berlin-Brandenburg, 2008. Web.

Neubauer, Aljoscha C.; Freudenthaler, Harald H.: Modelle emotionaler Intelligenz. In: Schulze, Ralf (Hrsg.); Freund, Alexander (Hrsg.), Roberts,

Richard D. (Hrsg.): Emotionale Intelligenz. Ein Internationales Handbuch. Göttingen: Hogrefe, 2006. Print.

Rosenberg, Marshall B.: Kinder einfühlend unterrichten. Wie SchülerInnen und LehrerInnen durch gegenseitiges Verständnis Erfolg haben können. Paderborn: Junfermann, 2005. Print.

Rosenberg, Marshall B.: Die Sprache des Friedens sprechen – in einer konfliktreichen Welt. Paderborn: Junfermann Verlag, 2006. Print.

Rosenberg, Marshall B.: Gewaltfreie Kommunikation. Eine Sprache des Lebens. Paderborn: Junfermann Verlag, 2007. Print.

Schultz, David; Izard, Caroll E.; Abe, Jo Ann A.: Emotionssysteme und die Entwicklung emotionaler Intelligenz. In: Schulze, Ralf (Hrsg.); Freund, Alexander (Hrsg.), Roberts, Richard D. (Hrsg.): Emotionale Intelligenz. Ein Internationales Handbuch. Göttingen: Hogrefe, 2006. Print.

Gewaltfreie Kommunikation. Wikipedia.org. Web. 02.01.2012.

Karin Eck (2004):

Macht und Sprache.
Wie eine gewaltfreie Kommunikation zwischen Männern und Frauen gelingen kann

Vorwort

Die Anregung für das Thema der vorliegenden Bakkalaureatsarbeit bekam ich durch die Vorlesungsübung „Geschlechterforschung" im Sommersemester 2005. In dieser VU wurde das Thema Gewalt und Sprache umrissen. Dieses Thema ließ mich aufhorchen und mein Interesse daran war geweckt. Ich habe schon oft beobachtet, wie in der Kommunikation nachlässig und unbewusst mit Worten umgegangen wird. Es werden vielleicht Dinge gesagt, die nicht so gemeint waren. Worte können Menschen aufbauen, ermutigen und verändern, aber sie können auch erniedrigen, verletzen, entmutigen oder Menschen zerstören. Dies geschieht durch Sprache und kann verbal, aber auch nonverbal, durch unsere Gesten oder Mimik, geschehen. Wie sieht nun Sprache zwischen den Geschlechtern aus? Im Umgang mit dem anderen – manchmal vielleicht unbekannten – Geschlecht kann es sehr schnell zu Vorurteilen und Missverständnissen kommen. Mit dieser Arbeit möchte ich eine Sensibilität für Sprache wecken; die Arbeit bot für mich auch die Gelegenheit, neu über Machtverhältnisse in der Kommunikation zwischen den Geschlechtern und die Auswirkungen auf die Gesellschaft nachzudenken und das Bearbeitete zu reflektieren. Durch die intensive Beschäftigung mit dem Thema Macht und Sprache habe ich mein Bewusstsein in diesem Bereich erweitern können, so dass ich die Kommunikation in gemischtgeschlechtlichen Gruppen heute mit anderen Augen sehe. Ich möchte den Leser / die Leserin einladen, sich auf die Reise in das Land der Sprache der Geschlechter einzulassen. Beginnen möchte ich die Arbeit mit einem Gedicht, das meiner Meinung nach das Thema treffend darstellt.

„Worte sind Fenster

(Oder sie sind Mauern)

Ich fühle mich so verurteilt von deinen Worten, Ich fühle mich so abgewertet und weggeschickt, Bevor ich gehe, muss ich noch wissen,

Hast du das wirklich so gemeint?

Bevor ich meine Selbstverteidigung errichte, Bevor ich aus Verletzung und Angst heraus spreche, Bevor ich diese Mauer aus Worten baue,

Sage mir, habe ich richtig gehört? Worte sind Fenster oder sie sind Mauern, Sie verurteilen uns oder sprechen uns frei. Wenn ich spreche und wenn ich zuhöre,

Licht der Liebe, scheine durch mich hindurch.

Es gibt Dinge, die ich sagen muss, Dinge, die mir so viel bedeuten.

Wenn sie durch meine Worte nicht klar werden, Hilfst du mir, mich freizusprechen?
Wenn es so schien, als würde ich dich niedermachen, Wenn du den Eindruck hattest, du wärst mir egal,
Versuch' doch bitte, durch meine Worte hindurch zu hören
Bis zu den Gefühlen, die wir gemeinsam haben."
(Ruth Bebermeyer, zit.n. Rosenberg 2002, S. 14)

Einleitung

Die Fragestellung dieser Arbeit lautet „Macht und Sprache: Wie eine gewaltfreie Kommunikation gelingen kann". Als Einführung soll ein Blick auf die linguistische Genderforschung, auf deren Entwicklung und aktuelle Forschungsschwerpunkte geworfen werden. Im nächsten Kapitel möchte ich auf geschlechtsspezifische Unterschiede in der Kommunikation eingehen, um danach näher zu erläutern, wie nach Meinung von Senta Trömel-Plötz Männer mittels Sprache Gewalt auf Frauen ausüben.

Als weiteren Schritt werde ich das Modell der gewaltfreien Kommunikation von Marshall B. Rosenberg erläutern. Dieses Modell wird immer häufiger in der Kommunikation eingesetzt und es werden derzeit viele Seminare angeboten. Ich möchte mich im Folgenden mit der Frage beschäftigen, ob das Modell der Gewaltfreien Kommunikation auf das Thema „Macht und Sprache" übertragen werden kann und ob dieses Modell eine Möglichkeit bietet, die Kommunikation zwischen Männern und Frauen zu verbessern. Ein Ausblick auf die Zukunft soll die Arbeit abrunden.

Mir ist bewusst, dass in die Sprache immer wieder mein eigenes Bewusstsein und Denken mit einfließt und dass auch ich in Kategorien denke. Ich möchte in dieser Arbeit, besonders im Abschnitt der geschlechtsspezifischen Kommunikation, Tendenzen aufzeigen und nicht in Stereotypen denken. Nicht alle Männer zeigen ein bestimmtes Verhalten und auch nicht alle Frauen tun dies. Aus diesem Grund auch der Appell an den Leser/die Leserin, bestimmte Verhaltensmuster als Tendenzen zu sehen und nicht als festgeschriebene Wahrheit.

Den Bezug zur Pädagogik sehe ich in dem Sinn, dass eine theoretische Grundlage über geschlechtsspezifische Kommunikation im pädagogischen Alltag notwendig und hilfreich ist.

Sprache und Geschlecht - die linguistische Genderforschung

Dieses Kapitel soll als Einführung einen Überblick über den Beginn, die Entwicklung und den Stellenwert der linguistischen Genderforschung geben.

Die linguistische Genderforschung in der Wissenschaft

Die feministische Linguistik entstand im Rahmen der feministischen Bewegung in den späten sechziger Jahren. Die Veröffentlichung des Aufsatzes „Linguistik und Frauensprache" von Senta Trömel-Plötz in den siebziger Jahren markiert den Beginn der feministischen Linguistik. Außerhalb der Wissenschaft stieß die feministische Frauenforschung auf großes öffentliches Interesse. Erwähnt seien hier Publikationen von Senta Trömel-Plötz und Luise Pusch sowie das Buch *Du kannst mich einfach nicht verstehen* von Deborah Tannen, das Anfang der neunziger Jahre auf den Bestsellerlisten stand. Mitte der neunziger Jahre wird der Begriff feministische Linguistik bzw. linguistische Frauenforschung durch den Begriff linguistische Geschlechter- bzw. Genderforschung ersetzt (vgl. Gottburgsen 2000, S. 20). Das Thema „Sprache und Geschlecht" stößt in der Öffentlichkeit auf anhaltendes Interesse, allerdings nimmt es in der wissenschaftlichen Forschung eine Außenseiterstellung ein (vgl. Frank 1992, S. 155).

Die linguistische Genderforschung hat zwei Schwerpunkte. Zum einen wird untersucht, wie Frauen in der deutschen Sprache vorkommen und Kritik an Sprachnorm und Sprachsystem und der daraus resultierenden Ungleichbehandlung der Geschlechter geübt. Der zweite Schwerpunkt liegt in der empirischen Untersuchung des Gesprächsverhaltens der Geschlechter. Untersucht werden unter anderem Unterschiede beim Sprechen sowie unterschiedliche Gesprächsstrategien von Männern und Frauen.

Sprachkritischer Ansatz

Beim sprachkritischen Ansatz wird davon ausgegangen, „dass sich gesellschaftliche Realität im Sprachgebrauch widerspiegelt, d.h. dass die Frauen und Männern zugewiesenen Rollen auch in sprachlichen Strukturen zum Ausdruck kommt". (Gottburgsen 2000, S. 21). Die Ergebnisse der sprachkritischen Forschung belegen die stereotype Darstellung und negative Bewertung von Frauen mit Hilfe der Sprache. Dies kommt sowohl in Redensarten und Sprichwörtern zum Ausdruck als auch in Grammatiken oder Lehrbüchern. Frauen werden in der Sprache entweder häufig nicht genannt oder über ihre Beziehung zu Männern stereotyp dargestellt. Männer stellen nicht nur gesellschaftlich, sondern auch sprachlich die Norm da. Mit jedem Satz, in dem von Personen die Rede ist, wird die Vorstellung von männlichen Personen erzeugt. „Der Mann ist die Norm, die Frau die Abweichung von der Norm" (Pusch 1999, S. 19, zit. n. Wesely 2000, S. 62). In der linguistischen Genderforschung wird dies als „male-as-norm"-Prinzip (MAN-Prinzip) kritisiert (vgl. Gottburgsen 2000, S. 21). Das Ziel der linguistischen Genderforschung ist das Bewusstmachen der sprachlichen Unterdrückung der Frau und die Durchsetzung einer geschlechtergerechten Sprache.

Erforschung des Gesprächsverhaltens von Männern und Frauen

Das Gesprächsverhalten von Männern und Frauen bildet den Schwerpunkt dieser Arbeit und wird im nächsten Kapitel ausführlich erläutert. Im Folgenden möchte ich auf die Entwicklung der empirischen Forschung eingehen. Die Erklärungsansätze für weibliches und männliches Kommunikationsverhalten veränderten sich im Laufe der letzten dreißig Jahre.

In den siebziger Jahren, der Anfangsphase der linguistischen Genderforschung, wurde weibliches Gesprächsverhalten als defizitär charakterisiert. Robin Lakoff zählt zu den ersten Linguistinnen, die das Kommunikationsverhalten der Geschlechter empirisch untersuchte. Sie beobachtete, dass Frauen häufig – im Gegensatz zu Männern – so genannte tag questions (Rückversicherungsfragen), hedges/qualifiers (Unschärfemarkierer), empty adjectives und Höflichkeitsformen verwenden (vgl. Gottburgsen 2000, S. 23). Ihrer Meinung nach drückt dies Unterlegenheit und Machtlosigkeit aus. Die *Defizit-Hypothese* geht davon aus, dass das Kommunikationsverhalten der Frau ein Ausdruck des Patriarchats ist und die unterschiedlichen sozialen Positionen von Frauen und Männern widerspiegelt. Den Frauen wird empfohlen, das männliche Kommunikationsverhalten zu übernehmen, um ihre gesellschaftliche Position zu verbessern.

Im Gegensatz zur Defizit-Hypothese entstand Mitte der achtziger Jahre die *Differenz-Hypothese*. Während in der Defizit-Hypothese die weibliche Art des Sprechens als unterlegenes Sprechen gesehen wurde, wird die weibliche Art des Sprechens nunmehr positiv bewertet. Als Beispiel kann der indirekte Stil im Sprechen von Frauen herangezogen werden. In der Defizit-Hypothese wurde diese Art von Sprechen als Unsicherheit und negativ bewertet, hingegen erhält sie bei der Differenz-Hypothese eine positive Bewertung als Zeichen für aktive

Gesprächsarbeit (vgl. Hornscheidt 2000, S. 282f.). Deborah Tannen beschreibt die unterschiedliche Art der Kommunikation zwischen Männern und Frauen als interkulturelle Kommunikation (vgl. Tannen 1991, S. 40).

In den neunziger Jahren wird der Differenz-Ansatz in Frage gestellt. Es wird kritisiert, dass durch den Differenz-Ansatz die Geschlechterdifferenzen dramatisiert und reifiziert werden. Dies geschieht durch die Konzentration des Differenz-Ansatzes auf die Geschlechterdifferenzen (vgl. Gottburgsen 2000, S. 25).

Sowohl der Defizit- als auch der Differenz-Ansatz gehen von einem dichotom fixierten Geschlechterkonzept aus, in welchem Mannsein oder Frausein als feste Größe vorausgesetzt wird. Es kommt zu einer weiteren Ausdifferenzierung. In vielen Untersuchungen gilt Geschlecht als ein Faktor, der das Gesprächsverhalten beeinflusst, neben vielen anderen Faktoren, wie z.B. Gesprächssituation, Status und Alter der am Gespräch beteiligten Personen. Karsta Frank beschreibt dies so: „Die Identitätskategorie ‚Geschlecht' wird niemals ‚pur' inszeniert, sondern immer nur in Interaktion mit anderen Kategorien. Dazu gehören unter anderem der sozioökonomische Hintergrund, der professionelle Status, die ethnische Zugehörigkeit, das Alter und nicht zuletzt auch die individuelle Biographie" (Frank 1992, S. 169). Demnach sollten bei einer Untersuchung des Gesprächsverhaltens neben der Kategorie Geschlecht auch weitere Kategorien in Betracht gezogen werden. Diese Ausdifferenzierung ist wichtig und schützt vor einseitiger Betrachtung und vor Verallgemeinerung.

Durchgesetzt hat sich in der deutschsprachigen Linguistik der *doing-gender-Ansatz*. Danach wird Geschlecht als sozial konstruiert gesehen und als das Ergebnis interaktiver sozialer Handlungen. Candace West und Don H. Zimmermann unterscheiden zwischen sex, sex category und gender. Als sex wird das körperliche Geschlecht durch die Geburt bezeichnet; die Genitalien bestimmen, ob das Kind männlich oder weiblich ist. Sex category bedeutet die soziale Zuordnung zu einem Geschlecht durch die Geburtsklassifikation. Als gender wird das soziale Geschlecht bezeichnet, das in Interaktionsprozessen bestätigt und für gültig erklärt wird. Geschlecht (gender) wird demnach als Produkt sozialer Handlungen gesehen und nicht als Persönlichkeitseigenschaft (vgl. Gottburgsen 2000, S. 31ff.).

Geschlechtsspezifische Unterschiede in der Kommunikation

Stereotype Vorstellungen sind (bewusst oder unbewusst) Teil unseres Alltagswissens. Diese Vorstellungen sind einerseits das Produkt der Gesellschaft. Andererseits haben sie Einfluss auf unsere Gesellschaft, sie bestimmen und verändern die soziale Wirklichkeit. Das Medium dieser Wechselwirkungen ist die menschliche Kommunikation.

Was ist Kommunikation?

Das Wort Kommunikation kommt aus dem Lateinischen (communicare = sich mitteilen, miteinander reden) und bedeutet laut Fremdwörterduden Verständigung untereinander, Umgang, Verkehr (Duden 2001, S. 520). Claude E. Shannon und Warren Weaver entwarfen 1949 das erste Kommunikationsmodell, wonach ein Sender etwas mitteilen möchte, sein Anliegen in erkennbare Zeichen verschlüsselt und eine Nachricht mittels eines Mediums an einen Empfänger sendet. Der Empfänger nimmt diese Zeichen wahr, decodiert sie und verarbeitet die Nachricht (vgl. Lenke 1995, S. 18). Bei der Kommunikation kann unterschieden werden zwischen verbaler und nonverbaler Kommunikation. Immer, wenn zwei Menschen sich begegnen, findet Kommunikation statt, auch wenn keine der Personen spricht. Paul Watzlawick fasst die Unmöglichkeit, nicht zu kommunizieren in einem Satz zusammen: „Man kann nicht nicht kommunizieren" (Watzlawick et al. 2000, S. 53).

Männer- und frauentypische Kommunikation

Männer und Frauen unterscheiden sich in der Art zu kommunizieren. Ich möchte darauf hinweisen, dass die folgenden Darstellungen Tendenzen zeigen, aber nicht verallgemeinerbar sind. Es bedeutet nicht, dass **alle** Männer und **alle** Frauen in einer bestimmten Art und Weise kommunizieren. Mit dieser Aussage möchte ich einem Schubladendenken entgegenwirken und verhindern, dass mit den Darstellungen Stereotypen reifiziert werden. Weiters möchte ich anfügen, dass stereotype Bewertungen des Gesprächsverhaltens durch gesellschaftliche Vorstellungen beeinflusst werden. Das Kommunikationsverhalten kann dadurch von Vorurteilen geprägt sein und es kann leicht zu Bewertungen des männlichen oder weiblichen Gesprächsstils und dessen Aspekte kommen. Allerdings sind meiner Meinung nach Bewertungen, ob ein Gesprächsstil positiv oder negativ ist, einerseits Konstruktionen, die immer wieder hinterfragt werden sollten, andererseits vom kulturellen und gesellschaftlichen Kontext abhängig.

Deborah Tannen ordnet Männer und Frauen in unterschiedliche Welten ein. Sie bezeichnet die Kommunikation zwischen den Geschlechtern als interkulturelle Kommunikation, ihrer Meinung nach sprechen Männer und Frauen unterschiedliche Sprachen. Einerseits gibt es die „Beziehungssprache" der Frauen, eine Sprechweise, die bindungs- und gemeinschaftsorientiert ist. Demgegenüber stellt sie die „Berichtssprache" der Männer, eine Sprechweise, die auf Unabhängigkeit, Status und Autorität ausgerichtet ist (vgl. Tannen 1991, S. 78f.).

„Typisch" männlich

Nach Deborah Tannen sehen sich Männer als Individuen einer hierarchisch sozialen Ordnung, sie können entweder über- oder unterlegen sein. Gespräche bedeuten für Männer Verhandlungen, bei denen sie entweder gewinnen oder ihren Status behalten wollen oder sich verteidigen gegen Menschen, die sie herabsetzen wollen. Das Leben ist für Männer ein Wettkampf, in dem es um Bewahrung von Unabhängigkeit und Vermeidung von Niederlagen geht (vgl. Tannen 1991, S. 20). Die Sprache stellt für Männer ein Mittel zur Selbstdarstellung innerhalb dieser hierarchisch sozialen Ordnung dar. „Zu diesem Zweck stellen Männer ihr Wissen und ihre Fähigkeiten zur Schau und glänzen mit sprachlichen Darbietungen wie Anekdoten, Witzen oder Informationen, um sich in den Mittelpunkt zu rücken" (Tannen 1991, S. 79).

Deborah Tannen ist der Meinung, dass Männer durch die Erziehung lernen, über Gespräche Aufmerksamkeit zu bekommen und sich demnach wohl und sicher fühlen, wenn sie öffentlich reden. Der öffentliche Charakter einer Gesprächsrunde steigt, je mehr Menschen – auch unbekannte – daran teilnehmen. Sachbezogene Männer fühlen sich in dieser Situation wohl und versuchen – stärker als Frauen – Status auszuhandeln. Die Berichtssprache wird von Männern auch in privaten Situationen angewandt. Die Autorin geht davon aus, dass Männer im privaten Bereich weniger reden und begründet es damit, dass sie in privaten Gesprächen ihren Status nicht mehr aushandeln müssen und sich nach ihrer öffentlichen Selbstdarstellung ausruhen können (ebd., S. 79).

Anhand von Untersuchungen von Fernsehdiskussionen zeigt Senta Trömel-Plötz, dass Männer in gemischtgeschlechtlichen Gruppen sich häufiger zu Wort melden als Frauen und länger reden (vgl. Trömel-Plötz 2004, S. 72). Inwieweit dadurch Macht ausgeübt wird, soll im Kapitel „Macht in der verbalen Kommunikation" näher erläutert werden. Nach Cornelia Hummel besteht in gemischtgeschlechtlichen Gruppen die Tendenz, dass Männer informieren, erklären, beweisen, Vorwürfe machen, jemanden angreifen oder kritisieren (vgl. Hummel 2004. S. 269).

Uta Wahlmann stellt fest, dass Männer distanziert, allgemeingültig und unpersönlich reden und eine daraus resultierende fehlende Überprüfbarkeit der Aussagen als männliche Kommunikationsstrategie verwenden (vgl. Wahlmann 1993, S. 194).

„Typisch" weiblich

Frauen sehen sich als Individuen in einem Netzwerk zwischenmenschlicher Beziehungen. Gespräche von Frauen sind laut Deborah Tannen Verhandlungen von Nähe. Das Ziel dieser Gesprächsform ist das Geben von Bestätigung und Unterstützung und das Erzielen von Übereinstimmung. Das Leben ist eine Gemeinschaft, in der Intimität bewahrt und Isolation vermieden wird (vgl. Tannen 1991, S. 20f.).

Die Beziehungssprache bedeutet für Frauen eine Möglichkeit Bindungen und Beziehungen herzustellen. Für Frauen sind Macht und Status weniger wichtig, ihnen geht es vorrangig um Gemeinsamkeiten und gleichartige Erfahrungen. Sie fühlen sich in privaten, intimitätserzeugenden Gesprächen wohl. Ihre Gespräche sind auf Unterstützung und Harmonisierung ausgerichtet (vgl. Tannen 1991, S. 79). Frauen neigen dazu, sich im öffentlichen Bereich eher an der Beziehungssprache zu orientieren. Persönliche Erfahrungen werden im öffentlichen/beruflichen Bereich eher herangezogen als abstraktes Denken (vgl. ebd., S. 95).

Cornelia Hummel zeigt durch Untersuchungen, dass Frauen in gemischtgeschlechtlichen Gruppen die Tendenz haben, sich zu entschuldigen oder um etwas bitten, sie stellen Fragen und verteidigen sich. Als Reaktion auf Vorwürfe gehen Frauen eher in die Defensive und begnügen sich damit, die Vorwürfe zurückzuweisen, während Männer in die Offensive gehen und Gegenvorwürfe formulieren (vgl. Hummel 2004, S. 269ff.).

Um in gemischtgeschlechtlichen Gruppen gehört zu werden, haben Frauen bestimmte Strategien entwickelt. Eine Strategie davon ist, mehr Fragen zu stellen als Männer. Pamela M. Fishman unterscheidet vier verschiedene Fragetypen: Fragen mit abschwächender Funktion; Fragen, die die Funktion von Behauptungen haben; Fragen als Bitte um Information oder Klarifikation; die Äußerung „Weißt du?" zur Überwindung konversationeller Schwierigkeiten (vgl. Wahlmann 1993, S. 129).

Macht und Sprache – wie drückt sich Macht in der Kommunikation aus?

Welche Verbindung gibt es nun zwischen Macht und Sprache und wie werden Frauen in der Kommunikation unterdrückt? Die Sprache spielt eine wichtige Rolle in der Erfassung der Wirklichkeit, wir konstruieren unsere Wirklichkeit durch Sprache. Nach Senta Trömel-Plötz haben die Mächtigen Einfluss auf die Sprache und definieren somit die Wirklichkeit (vgl. Trömel-Plötz 2004, S. 65). Viele Autorinnen gehen davon aus, dass durch das spezifisch weibliche Sprachverhalten (modifizierend und kooperativ) der niedrigere Status der Frauen gegenüber dem höheren Status der Männer bestätigt wird. Wie sieht dies nun konkret im Verhältnis zwischen Männern und Frauen aus? Dies soll Thema des nächsten Kapitels sein.

Macht in der verbalen Kommunikation

Senta Trömel-Plötz untersuchte Fernsehdiskussionen und entwickelte anhand dieser Fernsehdiskussionen ihre Thesen, wie Männer in gemischtgeschlechtlichen Gesprächen Macht über Frauen ausüben.

Sie ist der Meinung, dass Männer das Wort öfter ergreifen als Frauen und stellt fest, dass Männer durchschnittlich länger reden als Frauen, sich öfter zu Wort melden und auch öfter zu Wort kommen. Ihrer Meinung nach wird Gewalt an Frauen ausgeübt durch die Beschneidung der Redezeit von Frauen. Weiters stellt sie fest, dass Männer Frauen systematisch unterbrechen, Frauen hingegen Männer kaum unterbrechen. Durch die Unterbrechungen kontrollieren die Männer das Gespräch, die Sprecherin wird daran gehindert, ihren Gedankengang darzustellen und etwas Vernünftiges zu sagen. Gewalt gegen Frauen findet ihrer Meinung nach statt, indem Frauen in ihrem Rederecht beschnitten werden. Eine weitere Ausübung der Gewalt in Gesprächen gegenüber Frauen sieht Senta

Trömel-Plötz in der Tatsache, dass Frauen um ihr Rederecht kämpfen. Wenn sie reden dürfen, müssen sie kämpfen, es nicht wieder zu verlieren (vgl. Trömel-Plötz 2004, S. 72ff.).

Eine weitere These von Senta Trömel-Plötz ist, dass Männer das Gesprächsthema bestimmen und Frauen die Gesprächsarbeit leisten. Diese These wird auch durch eine Untersuchung von Pamela M. Fishman gestützt, in der die Arbeitsteilung in Gesprächen zwischen Männern und Frauen näher betrachtet wird. Sie kommt zu dem Schluss, dass Frauen die konversationelle Arbeit übernehmen und versuchen, das Gespräch in Gang zu halten, während Männer die Gespräche kontrollieren; sie bestimmen, welche Themen wichtig sind. Frauen müssen generell mehr Gesprächsarbeit leisten, die Gespräche werden dennoch von Männern kontrolliert (vgl. Wahlmann 1993, S. 190). Senta Trömel-Plötz erkennt hier eine Gewaltanwendung gegen Frauen, indem Männer keine Unterstützung geben und Frauen daraufhin das Thema fallen lassen. Frauen hingegen unterstützen den Mann in Gesprächen, sie lächeln, ermuntern, hören aufmerksam zu (vgl. Trömel-Plötz 2004, S. 75).

Senta Trömel-Plötz schließt aus ihren Beobachtungen, dass durch das oben dargestellte Gesprächsverhalten und die Machtausübung der Männer gegenüber den Frauen bei den Frauen Schwäche konstruiert wird und bei den Männern Stärke. Die Ungleichbehandlungen von Frauen in der Kommunikation werden ihrer Meinung nach durch eine bestimmte Regel produziert: „Männer zählen mehr, sind wichtiger, sind besser, sind mehr wert als Frauen." (Trömel-Plötz 2004, S. 77). Sie kritisiert, dass in Gesprächen Frauen nicht für ihre Leistung und Arbeit honoriert werden. Auch ihre Kompetenzen sind keine Garantie dafür, dass Frauen in Gesprächen gehört oder ernst genommen werden.

Ein Grund für die Machtverteilung in gemischtgeschlechtlichen Gesprächen kann die bereits beschriebene geschlechtsspezifische Berichts- und Beziehungssprache sein. Das bindungsorientierte Kommunikationsverhalten der Frauen wird als defizitär eingeschätzt. Durch das zurückhaltende, rücksichtsvolle Verhalten der Frauen erhalten Männer die Gelegenheit, sich in der Hierarchie durchzusetzen. Deborah Tannen erklärt dies so: „Durch die Statusbrille betrachtet, kann der Versuch, Bindungen zu knüpfen unglücklicherweise als Übernahme einer niedrigeren Statusposition missverstanden werden – viele Männer neigen zu dieser Ansicht" (Tannen 1991, S. 149). In der zuvor angesprochenen Arbeitsteilung von Männern und Frauen – Frauen leisten konversationelle Arbeit, Männer haben die Kontrolle in Gesprächen – bestätigen sich die generellen Positionen von männlicher Macht und weiblicher Ohnmacht.

Nonverbale Kommunikation

Die nonverbale Kommunikation ist für Nancy Henley ein wichtiges Element der Kommunikation. Amerikanischen Untersuchungen zufolge soll nonverbales Verhalten sogar viermal informativer sein als verbales Verhalten. Nonverbales Verhalten umfasst alle Signale, die eine Person durch selbst geschaffene Umwelt, Kleidung, Körperbewegung und -haltung, Gestik und Mimik und Stimmführung übermittelt (vgl. Henley 2004, S. 54).

Nancy Henley ist der Meinung, dass Frauen durch nonverbale Kommunikation subtil beeinflusst werden und dass nonverbale Kommunikation dazu dient, die ungleiche Machtstruktur in unserer Gesellschaft zu erhalten. Sie vertritt die These, dass „[…] nonverbale Kommunikation zu einem großen Teil dazu dient, diese massive, verdeckte Kontrolle [Anm. d. Verf.: über ein Volk] auszuüben, eine Kontrolle, die insbesondere die weibliche Hälfte unserer Bevölkerung in einer De-facto-Unterwerfung hält" (Henley 2004, S. 54). In ihrem Buch *Körperstrategien. Geschlecht, Macht und nonverbale Kommunikation* untersucht sie unterschiedliche Themenbereiche wie z.B. Raum, Zeit, Umwelt, Sprache, Benehmen auf nonverbale Kommunikationsformen. Sie untersucht dabei das Verhalten von Männern und Frauen und kommt zu dem Ergebnis, dass Verhaltensweisen, die hohen Status repräsentieren, von Männern ausgeübt werden, Frauen hingegen eher unterwürfiges oder sich anpassendes Verhalten aufweisen.

Zusammenfassend lässt sich sagen, dass Frauen in Gesprächen mit Männern weniger Raum für sich einnehmen, sie werden angestarrt, wenden oft als erste den Blick ab. Sie lächeln verzeihend oder beschwichtigend, wirken verkrampfter und unsicherer als Männer. Männer lächeln eher aus Überlegenheit und Selbstgefälligkeit, sie nehmen viel Raum ein und zeigen eher Dominanzgesten. Es wird deutlich, dass durch die nonverbale Kommunikation die Macht ungleich verteilt ist; Männer haben tendenziell mehr Macht über Frauen als umgekehrt. Oder anders ausgedrückt, die Rolle der Frau wird gleichgesetzt mit der Rolle des Unterwürfigen, sich Anpassenden, die Rolle des Mannes entspricht der Rolle des Statushöheren, Übergeordneten (vgl. Roßbach 1993, S. 195).

Möglichkeiten zu einer Veränderung der Kommunikation

In dieser Arbeit ist bisher neben der Entwicklung der linguistischen Genderforschung und deren Hauptaussagen das geschlechtstypische Verhalten von Männern und Frauen in Gesprächen und als Folge der Unterdrückung der Frauen durch Männer dargestellt worden. Es wurde dargestellt, wie durch die unterschiedliche Behandlung von Männern und Frauen in Gesprächen Macht ausgeübt wird. In den folgenden Kapiteln soll der Frage nachgegangen werden, ob eine gewaltfreie Kommunikation zwischen den Geschlechtern möglich ist und welche Fähigkeiten/Kompetenzen notwendig sind, um eine Veränderung herbeizuführen. Aus diesem Grund wird nachfolgend die Gewaltfreie Kommunikation nach Rosenberg näher betrachtet, um dann zu untersuchen, ob diese Art von Kommunikation ein geeignetes Instrument darstellt, um die Gewalt in der Kommunikation zu entschärfen.

Gewaltfreie Kommunikation nach Rosenberg

Immer wenn Menschen interagieren und miteinander kommunizieren, besteht die Möglichkeit, dass es zu einem Konflikt kommt. Konflikte können entstehen durch Missverständnisse, unterschiedliche Erwartungen, Machtansprüche etc. Konflikte an sich müssen nicht negativ sein, sie können – wenn es gelingt, sie zu lösen – zu einer Veränderung, zu einem besseren Umgang miteinander und zu einer Klärung von Grenzen beitragen. Entscheidend ist allerdings der Umgang mit Konflikten und ob eine Lösung angestrebt wird.

Das Modell der Gewaltfreien Kommunikation wurde von Marshall B. Rosenberg entwickelt. Er ist klinischer Psychologe und Schüler von Carl Rogers, dem Gründer der Klienten-zentrierten Gesprächstherapie. Die gewaltfreie Kommunikation soll Fähigkeiten vermitteln, um persönliche, berufliche und politische Differenzen beizulegen. Im Training werden Methoden des gewaltfreien Dialogs vermittelt, die in unterschiedlichen Konfliktsituationen angewandt werden können. Hier geht es vor allem um eine Begegnung von Mensch zu Mensch und um eine einfühlsame Kommunikation, in der Empathie eine große Rolle spielt. Marshall B. Rosenbergs Anspruch an seine eigene Kommunikationsfähigkeit ist „[...] Einfühlsamkeit, einen Fluss zwischen mir und anderen, der auf gegenseitigem Geben von Herzen beruht" (Rosenberg 2002, S. 19). Viele Elemente der Gewaltfreien Kommunikation finden sich auch in anderen Konfliktlösungstechniken, erkennbar ist auch der Einfluss von Carl Rogers' Klienten-zentrierter Gesprächstherapie. Im Folgenden wird die Gewaltfreie

Kommunikation abgekürzt durch GFK. Die GFK kann in allen Lebensbereichen angewandt werden, z.B. in engen Beziehungen, Familien, Schulen, am Arbeitsplatz, in der Therapie und Beratung, in diplomatischen Verhandlungen. Das Gegenteil von gewaltfrei zu kommunizieren ist für Marshall B. Rosenberg die lebensentfremdende Kommunikation, die das Einfühlungsvermögen blockiert.

Lebensentfremdende Kommunikation

Als „lebensentfremdende Kommunikation" bezeichnet Marshall B. Rosenberg bestimmte Formen von Kommunikation, die Empathie und Einfühlungsvermögen verhindern und zu gewalttätigem Verhalten gegenüber uns und anderen führen können (vgl. Rosenberg 2002, S. 31). Er nennt drei Elemente, die GFK verhindern und dazu führen, dass „lebensentfremdend" kommuniziert wird. Dazu zählen

- moralische Urteile oder das Verurteilen von Menschen, die sich nicht in Übereinstimmung mit unseren Werten verhalten,
- das Leugnen von Verantwortung für unsere Gedanken, Gefühle und Handlungen,
- das Stellen von Forderungen (vgl. ebd., S. 31ff.).
-

Das Modell der Gewaltfreien Kommunikation

Im Zentrum der GFK stehen vier Bereiche, die Rosenberg als die vier Komponenten der GFK bezeichnet. Diese sind Beobachten, Gefühle, Bedürfnisse und Bitten.

a) Beobachten

Beim Beobachten geht es darum, eine Beobachtung mitzuteilen, ohne dass eine Beurteilung oder Bewertung stattfindet. Rosenberg betont, dass keine Bewertung vorgenommen werden soll, da sonst das Gegenüber dazu neigt, nur die Kritik zu hören. (vgl. ebd., S. 41ff.).

b) Gefühle

In dieser Komponente sollen die Gefühle ausgesprochen werden, die wir bei der Beobachtung der Handlung empfinden. Das Gefühl soll dazu beitragen, dass wir in einen empathischen Kontakt kommen. Die GFK unterscheidet zwischen dem, was wir fühlen (unsere eigenen Gefühle) und zwischen Gedanken, Interpretationen, Worte über unsere Gefühle (vgl. ebd., S. 51ff.).

c) Bedürfnisse

Hier geht es darum, zu erkennen, welche Bedürfnisse, Werte, Wünsche, Erwartungen und Gedanken hinter unseren Gefühlen stecken. Marshall B. Rosenberg plädiert dafür, die Verantwortung für unsere Gefühle zu erkennen und zu übernehmen. Was der/die andere sagt, kann Auslöser für unsere Gefühle sein, aber nie die Ursache (vgl. ebd., S. 63ff.).

d) Bitten

Sollten sich unsere Bedürfnisse nicht erfüllen, dann können wir, nachdem wir beobachtet, unsere Gefühle und Bedürfnisse geäußert haben, konkret „um das bitten, was unser Leben bereichert" (Rosenberg 2002, S. 79). Rosenberg schlägt vor, Bitten in einer positiven Handlungssprache zu äußern. Damit sie verständlich werden, sollten sie immer mit den eigenen Bedürfnissen und Gefühlen in Verbindung gebracht und ausgesprochen werden. Bei Missverständnissen ist es hilfreich, das Gesagte paraphrasieren zu lassen. Marshall B. Rosenberg betont, dass es nicht darum geht, dem/der Anderen den eigenen Willen aufzudrängen, sondern dass im Mittelpunkt dieser Art von Kommunikation Einfühlsamkeit, Offenheit und der Aufbau von Beziehungen steht (vgl. ebd., S. 81ff.).

Nach Marshall B. Rosenberg soll dieses Modell nicht „formelhaft" angewendet werden, es kann durchaus variieren und der Situation angepasst werden. Der Prozess der Kommunikation findet immer zweiseitig statt. Auf der einen Seite nehmen wir uns wahr, wir drücken unsere Beobachtungen, Gefühle, Bedürfnisse und Bitten aus. Auf der anderen Seite nehmen wir unseren Partner/unsere Partnerin und ihre Beobachtungen, Gefühle, Bedürfnisse und Bitten wahr. Wir sind also einerseits in Kontakt mit uns selbst und treten andererseits in Kontakt mit unserem Gegenüber. Die Praktizierung der GFK ist laut Rosenberg auch möglich, wenn nur eine Person Kenntnisse der GFK hat. Die GFK ist ein Prozess und bedarf einer gewissen Übung (vgl. Rosenberg 2002, S. 20f.).

Gewaltfrei kommunizieren – Chancen und Grenzen der Gewaltfreien Kommunikation

Anhand von Empathie und Bedürfnissen, die für Marshall B. Rosenberg eine wichtige Rolle in der GFK spielen, möchte ich die Chancen und Grenzen der GFK näher erläutern.

Empathie

„Das Wichtigste in einem Gespräch ist es zu hören, was nicht gesagt wurde"
(Peter F. Drucker, amerikanischer Managementlehrer)

Marshall B. Rosenberg betont immer wieder besonders die Empathie. Im Duden wird Empathie folgendermaßen erklärt: „Bereitschaft und Fähigkeit, sich in die Einstellung anderer Menschen einzufühlen" (Duden 2001, S. 265). Empathie ist ein Mitfühlen mit dem/der Anderen. Soll die GFK wechselseitig angewandt werden, ist für Marshall B. Rosenberg Empathie eine Voraussetzung, um das Gegenüber hören und verstehen zu können. Seiner Meinung nach kann Empathie potentielle Gewalt entschärfen.

Nach Rosenberg ist das Wichtigste um Empathie zeigen zu können Präsenz. Dies bedeutet, ganz da zu sein und sich ganz auf den Anderen / die Andere einzulassen und unterscheidet sich von der Vernunft (vgl. Rosenberg 2002, S. 105). Gerade für Männer, die ja eher sachlich argumentieren und Ratschläge geben, kann es eine Herausforderung sein, präsent zu sein und zu versuchen, ein Problem nicht sofort intellektuell zu erfassen. Männer können lernen empathisch zuzuhören anstatt ihrem Drang, Ratschläge zu erteilen oder zu beschwichtigen, nachzugehen.

Ausgehend von der Beziehungssprache der Frauen, die auf Bindung und Nähe ausgerichtet ist, kann es Frauen leichter fallen, Empathie zu spüren und auszudrücken. Für Männer, die ja eher in der Welt der Berichtssprache leben, würde es bedeuten, sich auf das Gegenüber einzustellen und den Kampf um Status und Ansehen zur Seite zu legen. Meine Hoffnung ist, dass immer mehr Männer erkennen, wie wichtig es für eine gute Kommunikation ist, präsent zu sein.

Für Frauen sehe ich das Problem, dass sie derzeit in gemischtgeschlechtlichen Gruppen zu kurz kommen, wenn sie der Empathie zu sehr Gewicht geben. Vor allen Dingen sehe ich dieses Problem, wenn sich in ihrer Gruppe Männer befinden, die sich auf einer ganz anderen Ebene befinden und für die das Aushandeln von Status Priorität hat. Hier ist es meiner Meinung nach wesentlich für Frauen, sich bewusst zu werden, dass Empathie keine Handlung nach sich ziehen muss. Frauen können mitfühlend sein, das bedeutet aber nicht, dass sie sich selbst gefühlsmäßig verlassen und nur noch bei der/dem Anderen sind. Gerade für Frauen ist es meiner Meinung nach wichtig, Empathie zu spüren, aber bei sich selbst zu bleiben, die eigenen Bedürfnisse wahrzunehmen und durchzusetzen. Frauen sollten sich bewusst sein, dass ein Nicht-Handeln möglicherweise Schuldgefühle – eigene und von anderen aufgezwungene – erzeugen kann, die meiner Meinung nach nicht berechtigt sind. In der Kommunikation kann Empathie Frauen einen wichtigen Vorsprung geben. Gelingt es der Frau, sich in eine andere Person gut einzufühlen und zu wissen, was das Gegenüber braucht, kann sie sich darauf einstellen und adäquat reagieren.

Bedürfnisse

In der GFK spielt das Erkennen der Bedürfnisse hinter den Gefühlen eine große Rolle. Sollte sich jemand negativ äußern, gibt es die Möglichkeit, die Bedürfnisse und Gefühle wahrzunehmen, die hinter der Aussage stecken. Das Ziel ist es, die Verantwortung für die eigenen Gefühle zu übernehmen und nicht für die Gefühle der anderen. Es ist eine Herausforderung, Gefühle direkt mit den eigenen Bedürfnissen zu verknüpfen, damit andere leichter auf unsere Bedürfnisse reagieren können (vgl. Rosenberg 2002, S. 67).

Das sich Bewusstmachen und Äußern der eigenen Gefühle und Bedürfnisse sehe ich als eine große Herausforderung. Gerade für Frauen kann es schwer sein, Bedürfnisse zu äußern, weil sie durch die Erziehung oft nicht lernen, zu ihren Bedürfnissen zu stehen sondern brav und angepasst sind und gelernt haben, andere zu unterstützen.

Dennoch kann es im privaten Bereich leichter sein, Gefühle und Bedürfnisse zu äußern als im beruflichen oder öffentlichen Bereich, da im privaten Bereich die Beziehungsebene im Vordergrund steht. Marshall B. Rosenberg schreibt selbst, dass es Angst machen kann in einer Welt Gefühle zu zeigen, in der man für dieses Verhalten verurteilt wird (vgl. Rosenberg 2002, S. 75). Wie viel schwerer muss es sein, dies in einer Welt zu tun, in der Vernunft, Erfolg, Status und Macht eine größere Rolle spielen als Beziehungen und Gefühle, nämlich in der Welt der Männer, in der Welt der Berichtssprache. Und wie schwer und beängstigend muss dies für Männer sein, wenn sie im Beziehungsbereich kommunizieren möchten.

Grenzen der Gewaltfreien Kommunikation

Im Falle von Männern, die an ihrer Machtposition festhalten und zu keiner Veränderung bereit sind, kann die GFK nicht weit führen und keine Veränderung herbeiführen. Ich denke, dass es in diesem Fall eine Energie- und Zeitverschwendung wäre, auf das Gegenüber einzugehen. Dies kann allerdings nur situationsabhängig und personenabhängig individuell entschieden werden.

Ebenso sehe ich eine Grenze in der Gewaltfreien Kommunikation, wenn Männer in Gesprächen Frauen gegenüber unsachlich argumentieren, sie bloßstellen oder demütigen. Hier sollte meiner Meinung nach das Gespräch abgebrochen werden. Jegliches Bemühen um einen gewaltfreien Dialog ist hier nicht angebracht.

Marshall B. Rosenberg widmet diesem Aspekt ein eigenes Kapitel. Seiner Meinung nach kann Macht angewandt werden, wenn zum Beispiel eine Seite keine Bereitschaft zur Kommunikation zeigt oder wenn eine Gelegenheit für einen Dialog nicht besteht (vgl. Rosenberg 2002, S. 155). Er unterscheidet zwischen beschützender und bestrafender Macht. Mit der beschützenden Macht soll immer Verletzung oder Ungerechtigkeit verhindert werden, allerdings ohne zu bestrafen oder jemanden leiden zu lassen oder ohne eine Veränderung der Person herbeizuführen (ebd., S. 162). Ich verstehe es so, dass Macht ausgeübt werden kann, aber dass niemals manipuliert oder abgewertet werden soll. Ich würde es als eine „gerechte" Macht bezeichnen.

Die GFK ist sehr zeitaufwendig und benötigt Übung. Nicht immer ist es möglich, oder auch Zeit und Kraft vorhanden, empathisch zu reagieren. In manchen Situationen ist sie nicht zielführend und Druck wäre eher angebracht.

Resümee – Ausblick

In den vorangegangen Kapiteln habe ich dargestellt, welche Möglichkeiten und Grenzen die GFK in der geschlechtsspezifischen Kommunikation bietet.

Die Grundgedanken der Wertschätzung, Empathie, Äußerung der Bedürfnisse sehe ich durchaus positiv. Marshall B. Rosenberg selbst sagt, „dass die GFK nicht auf einer feststehenden Formel beruht" (Rosenberg 2002, S. 22). Die GFK zeigt Techniken, aber meiner Meinung nach steht im Vordergrund eine Veränderung des Bewusstseins. Ich würde sogar weiter gehen zu behaupten, dass ein stabiles Selbst beziehungsweise eine gefestigte Persönlichkeit notwendig ist, um die GFK nach Marshall B. Rosenberg erfolgreich umzusetzen. Die Person muss mit sich im Reinen sein, ehrlich sich selbst gegenüber sein, was die eigenen Bedürfnisse und Gefühle angeht, sonst sabotiert das Unterbewusstsein immer wieder die Kommunikation.

Wie schon erwähnt, legt die GFK Gewicht auf eine Veränderung des Bewusstseins und auf Beziehungen. Nach Deborah Tannens Ansatz kommunizieren Männer eher auf der Ebene der Berichtssprache und Frauen eher auf der Ebene der Beziehungssprache. Das würde bedeuten, dass sich bei einer Umsetzung der GFK in die Praxis die Männer stärker an der Beziehungssprache der Frauen orientieren müssten, also einer Sprache, die auf Beziehung und ein Miteinander ausgerichtet ist. Auch Wilhelm Johnen wünscht sich eine Veränderung des Männerbildes:

> „Das alte Männerbild und seine auf Konflikte, Konfrontation, Macht, Überlegenheit, Unterordnung und Unterwerfung gerichteten Modelle sind Jahrtausende alt und modrig. Um es deutlicher zu formulieren, eine weiche, eher matriarchalische gesellschaftliche Orientierung wäre der sicherste Weg in das dritte Jahrtausend unserer Zivilisation" (Johnen 1992, S. 206).

Es erzeugt Hoffnung, zu wissen, dass sich auch Männer nach Veränderung sehnen, wenn vielleicht auch nur vereinzelt. Gerade die Werkzeuge der GFK könnten zur Erreichung einer Veränderung nützlich sein und helfen, „weicher" zu kommunizieren.

Zur gewaltfreien und konstruktiven Kommunikation mit dem anderen Geschlecht sind meiner Meinung nach Kenntnisse über geschlechtsspezifische Kommunikationsstrukturen, Kenntnisse der Konfliktlösung, der Wunsch nach Veränderung, der Wunsch nach Beziehung und Nähe und die Fähigkeit zur Selbstreflexion hilfreich. Unabdingbar ist für mich, dass der Wunsch nach Beziehung und Nähe auf beiden Seiten besteht. Aber solange die Mächtigen bestimmen, welches Verhalten Erfolg hat und die Mächtigen in der Gesellschaft Männer sind, solange wird eine Veränderung schwer durchsetzbar sein. Sollte sich die GFK auch in männlichen Kreisen durchsetzen, könnte dies tatsächlich ein Umdenken zur Folge haben. Denn ob Empathie als positive/starke oder negative/schwache Gesprächseigenschaft gesehen wird und sich als Kommunikationsmittel durchsetzen kann, hängt von der Akzeptanz der Mächtigen ab. „Die Mächtigen definieren die Situation und bestimmen, welches Verhalten Erfolg hat" (Trömel-Plötz, 2004, S. 76).

Meine Hoffnung ist, dass immer mehr Männer erkennen, wie wichtig Beziehung und Nähe sind. Leider besteht für Männer weniger die Notwendigkeit, die Kommunikation zu verändern, da sie eher eine übergeordnete Stellung einnehmen. Durch eine Veränderung in der Kommunikation würden sie riskieren, ihre höhere Stellung und Machtposition aufzugeben.

Zusammengefasst lässt sich sagen, dass die GFK gelingen kann, wenn Männer bereit sind, ihre Machtansprüche aufzugeben, wenn sie bereit sind, Gefühle zuzulassen, bereit sind, das Konkurrenzdenken und den Wettbewerb zu erkennen und diese weniger wichtig nehmen für ihre eigene Identität.

Sie kann gelingen, wenn Frauen sich ihrer Bedürfnisse bewusst werden, wenn sie lernen, dass sie Bedürfnisse äußern dürfen, wenn sie lernen, dass sie nicht immer brav und angepasst sein müssen. Meiner Meinung nach ist es unbedingt notwendig, dass sich Frauen in diskriminierenden Situationen zur Wehr zu setzen. Der Wille, gewaltfrei zu kommunizieren muss nicht bedeuten, nachzugeben oder sich unterzuordnen. Wo eine konstruktive, wertschätzende Kommunikation nicht möglich ist und die andere Seite auf die Machtposition beharrt, sollten Frauen klar und deutlich kommunizieren und auch nicht Konfrontationen scheuen. Meiner Meinung nach kann diese Art zu kommunizieren auch konfrontativ sein. Ich kann auch in Liebe konfrontieren. Meine Assoziation mit gewaltfrei ist friedlich, dennoch können/müssen Konflikte ausgetragen werden. Die GFK sollte nicht vertuschen, sie kann ein Mittel zu einer guten Kommunikation sein.

Die Ergebnisse von Senta Trömel-Plötz sind mittlerweile zwanzig Jahre alt. Auch heute noch sind ihre Beobachtungen und Ergebnisse gültig. Frauen werden noch immer in Gesprächen und durch Sprache diskriminiert.

Mit der vorliegenden Arbeit erhebe ich keinen Anspruch auf Vollständigkeit. Aber sie soll einen Anstoß geben, sich mit der eigenen Kommunikationsweise auseinanderzusetzen und sie soll eine Sensibilität für das Verhalten in Gesprächen wecken. Wenn Sprache Wirklichkeit konstruiert, welche Wirklichkeit finden wir vor und welchen Beitrag leisten wir selbst zur Konstruktion der Wirklichkeit? Dies kann nur jeder und jede für sich selbst beantworten.

Ich hoffe, dass es mir gelungen ist, die Gewalt an Frauen durch das Gesprächsverhalten darzustellen und Grenzen und Lösungen für eine Veränderung aufzuzeigen. Ich möchte diese Arbeit schließen mit einem Zitat von Senta Trömel-Plötz und damit meine Hoffnung und das Ziel dieser Arbeit ausdrücken:

> „Meine Hoffnung ist, dass wir auch die Männer für unseren Gesprächsstil, für eine gewaltlose Sprache und gewaltlose Gespräche gewinnen können."

(Trömel-Plötz 2004, S. 79)

Literaturverzeichnis

DUDEN (2001): Der Duden in zwölf Bänden. Band 5: Duden Fremdwörterbuch. 7. neu bearbeitete und erweiterte Auflage. Mannheim: Bibliographisches Institut.

FRANK, Karsta (1992): Sprachgewalt: Die sprachliche Reproduktion der Geschlechterhierarchie. Elemente einer feministischen Linguistik im Kontext sozialwissenschaftlicher Frauenforschung. Tübingen: Niemeyer.

GOTTBURGSEN, Anja (2000): Stereotype Muster des sprachlichen Denkens. Eine empirische Untersuchung. Opladen: Westdeutscher Verlag.

HENLEY, Nancy (2004): Nichtverbale Kommunikation und die soziale Kontrolle über Frauen. In: TRÖMEL-PLÖTZ, Senta (Hg.): Gewalt durch Sprache. Die Vergewaltigung von Frauen in Gesprächen. Wien: Milena-Verlag. S. 53-63.

HORNSCHEIDT, Antje (2000): Linguistik. In: Gender Studien. Eine Einführung. Hrsg.: Braun, Christina von/Stephan Inge. Stuttgart: Metzler. S. 277-289.

HUMMEL, Cornelia (2004): „Sie haben jetzt ja lange genug geredet, Frau Liebherr": Entschuldigungen, Vorwürfe, Bitten und direkte Anreden in Fernsehdiskussionen. In: TRÖMEL-PLÖTZ, Senta (Hg.): Gewalt durch Sprache. Die Vergewaltigung von Frauen in Gesprächen. Wien: Milena-Verlag. S. 266-293.

JOHNEN, Wilhelm (1992): Die Angst des Mannes vor der starken Frau. Frankfurt am Main: Fischer Taschenbuch Verlag.

LENKE, Nils/LUTZ, Hans-Dieter/SPRENGER, Michael (1995): Grundlagen sprachlicher

Kommunikation. Mensch, Welt, Handeln, Sprache, Computer. München: Fink Verlag.

ROSENBERG, Marshall B. (2002): Gewaltfreie Kommunikation: Aufrichtig und einfühlsam miteinander sprechen. 4. Auflage (1. Aufl. 2001). Paderborn: Junfermann.

ROSSBACH, Elke (1993): Nonverbale Geschlechtsspezifische Charakteristika von Frauen- und Männersprache. In: Hufeisen, Britta (Hrsg.): „Das Weib soll schweigen..." (1. Kor. 14,34): Beiträge zur linguistischen Frauenforschung. Frankfurt am Main: Peter Lang. S. 97-119.

SCHULZ VON THUN, Friedemann (1989): Miteinander Reden: Störungen und Klärungen. Reinbek bei Hamburg: Rowohlt Taschenbuch Verlag.

TANNEN, Deborah (1991): Du kannst mich einfach nicht verstehen: Warum Männer und Frauen aneinander vorbeireden. Hamburg: Ernst Kabel.

TRÖMEL-PLÖTZ, Senta (2004): Gewalt durch Sprache. In: TRÖMEL-PLÖTZ, Senta (Hg.): Gewalt durch Sprache. Die Vergewaltigung von Frauen in Gesprächen. Wien: Milena-Verlag. S. 64-80.

WAHLMANN, Uta (1993): Kommunikationsverhalten von Frauen und Männern in gemischtgeschlechtlichen Gesprächsrunden – Eine empirische Untersuchung. In: Hufeisen, Britta (Hrsg.): „Das Weib soll schweigen..." (1. Kor. 14,34): Beiträge zur linguistischen Frauenforschung. Frankfurt am Main: Peter Lang. S. 173-196.

WATZLAWICK, Paul/BEAVIN, Janet H./JACKSON, Don D. (2000): Menschliche Kommunikation. Formen, Störungen, Paradoxien. 10. unveränderte Auflage (erste Auflage 1969). Bern: Hans Huber.

WESELY, Sabine (2000): Gender Studies in den Sozial- und Kulturwissenschaften. Bielefeld: Kleine.

Einzelbände

Sabrina Jung (2012): Kommunikation und Konflikt - Eine Übersicht
ISBN: 978-3-656-19194-0

Maria Reitzki (2007): Ist Gewaltfreie Kommunikation alltagstauglich? Eine kritische Auseinandersetzung mit der GfK nach Rosenberg im Vergleich mit anderen Kommunikationsmodellen
ISBN: 978-3-656-60815-8

Juliane Strätz (2012): Emotion und Sprache. Wie kann man mithilfe der Gewaltfreien Kommunikation dazu beitragen, dass Missverständnisse in der zwischenmenschlichen Kommunikation verhindert werden?
ISBN: 978-3-656-72888-7

Karin Eck (2005): Macht und Sprache. Wie eine gewaltfreie Kommunikation zwischen Männern und Frauen gelingen kann
ISBN: 978-3-656-06372-8